São Miguel

Santa Maria

Faial

Pico

São Jorge

Terceira

Graciosa

Flores (und Corvo)

Krater von Sete Cidades (Tour 2)

Azoren

Die Autorin und der Verlag sind für Lesertipps und Verbesserungen (besonders per E-Mail) unter Angabe der Auflagen- und Seitennummer dankbar.

Dieses OutdoorHandbuch hat 158 Seiten mit 68 farbigen Abbildungen, 33 farbigen Kartenskizzen im Maßstab 1:25.000/1:50.000 sowie 33 farbigen Höhenprofilen und einer farbigen, ausklappbaren Übersichtskarte. Es wurde auf chlorfrei gebleichtem Papier gedruckt, in Deutschland klimaneutral hergestellt und transportiert und wegen der größeren Strapazierfähigkeit mit PUR-Kleber gebunden.

klimaneutral
natureOffice.com | DE-077-151104
gedruckt

Dieses Buch ist im Buchhandel und in Outdoor-Läden erhältlich und kann im Internet oder direkt beim Verlag bestellt werden.

OutdoorHandbuch aus der Reihe „Regional", Band 361

ISBN 978-3-86686-471-9   1. Auflage 2017

© BASISWISSEN FÜR DRAUSSEN, DER WEG IST DAS ZIEL und FERNWEHSCHMÖKER sind urheberrechtlich geschützte Reihennamen für Bücher des Conrad Stein Verlags

Text: Susanne Walter-Jaep
Fotos: Susanne Walter-Jaep und Wolfgang Walter
Titelfoto: Lagoa do Fogo © Wolfgang Walter
Lektorat: Amrei Risse
Layout und Karten: Manuela Dastig

Gesamtherstellung: Werbedruck GmbH Horst Schreckhase

Dieses OutdoorHandbuch wurde konzipiert und redaktionell erstellt vom:

Conrad Stein Verlag GmbH, Kiefernstr. 6, 59514 Welver,
☎ 023 84/96 39 12, FAX 023 84/96 39 13,
✉ info@conrad-stein-verlag.de,
🖥 www.conrad-stein-verlag.de

Besuchen Sie uns bei Facebook & Instagram:

 www.facebook.com/outdoorverlage (Die Outdoor-Verlage)

 www.instagram.com/die_outdoor_verlage (die_outdoor_verlage)

Inhalt

Einleitung

Das Azorenhoch aus der Wettervorhersage kennt jeder, allerdings wird dieses gar nicht auf oder bei den Inseln gebildet, sondern weiter südwestlich – nur war, als es entdeckt wurde, kein näherer Bezugspunkt zu finden. Benannt wurden die Azoren auch schon durch einen Irrtum, denn die portugiesischen Entdecker im 15. Jh. meinten, die Raubvögel am Himmel seien Habichte (port. *açor*) – es waren und sind aber immer noch Bussarde. Glück gehabt, denn sonst würden die Inseln Milhafres (portugiesisches Wort für Bussarde) heißen.

Alle Inseln der Azoren sind vulkanischen Ursprungs und der Vulkanismus ist überall präsent: Es gibt unzählige Krater und große und kleine Vulkankegel, heiße Quellen, Lavaströme, Höhlen und ein Stück Insel, das keine 60 Jahre alt ist.

Die Inseln sind grün in so vielen Schattierungen, dass sie ein Maler kaum malen kann. Sie sind lieblich, das Grün zieht sich bis in die höchsten Hügel, zum Meer hin wird es durch schwarze, kräftige Lava abgegrenzt. Sie bildet an vielen Stellen bizarre Naturbecken, die dem Wanderer ebenso wie die Vulkansandstände nach der Tour eine angenehme Erfrischung bieten.

Da die Inseln relativ dünn besiedelt sind und auch der Tourismus eher noch in den Kinderschuhen steckt, können Wanderer hier noch Einsamkeit entdecken und genießen. Häufig sind Sie mit Meeresrauschen im Ohr unterwegs und erwandern sich fantastische Landschaftsblicke.

Die Azoren bestehen aus neun Inseln, die von Ost nach West über 500 km Breite im Atlantik verstreut und von der eigenen Hauptstadt Lissabon rund 1.500 km weit entfernt sind.

São Miguel ist mit 747 km² die größte und mit fast 138.000 Einwohnern die bevölkerungsreichste Insel, Corvo hingegen mit 430 Einwohnern auf rund 17 km² die kleinste. Pico hat mit dem Pico Alto (⇧ 2.351 m), einem klassischen Vulkankegel, den höchsten Berg ganz Portugals und Faial mit Capelinhos das jüngste Land der Inseln. Santa Maria ist die südöstlichste Insel als Gegenspieler von Corvo im Nordwesten, São Jorge hat eine Nord-Süd-Ausdehnung von noch nicht einmal 8 km, Terceira ist die kompakteste Insel und Graciosa die liebliche.

Da fällt die Auswahl schwer – auf welcher Insel finden sich die schönsten Wanderungen?

Reise-Infos

Anreise

Von Deutschland fliegt die einheimische SATA Azores Airlines (⌨ www.azoresairlines.pt) 2-3 x wöchentlich direkt nach Ponta Delgada auf São Miguel und auch andere Airlines bemühen sich, die Azoren im Direktflug zu erschließen.

So steuert Air Berlin 2 x wöchentlich die Azoren an (⌨ www.airberlin.com) und Ryanair (⌨ www.ryanair.com) fliegt ab ab 2017 1 x wöchentlich direkt ab Frankfurt Hahn.

Täglich sind die Inseln São Miguel, Faial und Terceira über Lissabon zu erreichen, 1-2 x wöchentlich auch Pico und Santa Maria.

Untereinander sind die Inseln nicht unbedingt inseltypisch miteinander verbunden, denn meistens müssen Sie wieder in ein Flugzeug steigen, um die Nachbarinsel zu erreichen. Lediglich die Inseln des sogenannten „Triangulo", Faial, Pico und São Jorge, haben wirklich ganzjährig nutzbare Schiffsverbindungen, also Faial und Pico bis zu 5 x täglich und nach São Jorge kommen Sie 1 x täglich mit den Schiffen der Firma Atlanticoline (⌨ www.atlanticoline.pt).

Offiziell verbinden die Schiffe von Atlanticoline auch die anderen Inseln zumindest im Sommer untereinander, doch touristisch sind diese Verbindungen schwer zu nutzen, da die Fahrpläne teilweise sehr spät herauskommen und häufig nicht eingehalten werden. Da sind Sie schneller und häufiger mit den Propellermaschinen der SATA Azores Airlines unterwegs, denn mittlerweile haben alle Inseln, auch das kleine Corvo, einen Flugplatz.

Unterkunft

Hotels gibt es auf allen Inseln, auch die kleineren und persönlicheren Pensionen finden Sie häufig. Ferienhäuser sind bei Wanderern immer beliebter und schnell ausgebucht.

Die Jugendherbergen auf den Azoren sind meist luxuriöser als die in Mitteleuropa, haben Swimmingpools und auch oft Duschen im Zimmer. Es gibt sie auf São Miguel, Santa Maria, Pico, São Jorge und Terceira (⌨ www.pousadasjuvacores.com).

⚠ Campingplätze finden Sie ebenfalls auf allen Inseln, doch sie sind in der Ausstattung nicht mit mitteleuropäischen Plätzen zu vergleichen: Wenn überhaupt sind nur Kaltwasserduschen vorhanden und sonst gibt es neben den sanitären keine weiteren Einrichtungen.

Verkehrsmittel

🚌 Busverbindungen sind touristisch schwer zu nutzen, denn die Busse fahren morgens einmal von den kleinen Ortschaften in die Hauptstädte und dann am Nachmittag wieder zurück. Einige Linien verkehren während der dreimonatigen Sommerferien sogar noch seltener oder zu völlig anderen Zeiten. Auch ist es nicht einfach, dem Fahrer zu erklären, wo Sie aussteigen möchten. Eine Karte vorzuzeigen ist nicht wirklich hilfreich, denn die Fahrer können wie viele Azorer häufig keine Karte lesen.

Sollte es doch möglich sein, den Start-/Endpunkt einer Wanderung mit dem Bus anzusteuern, ist dies bei der jeweiligen Tour angegeben.

🚗 Taxistände gibt es in allen größeren Ortschaften und in kleineren helfen die Wirte gerne weiter.

Öffnungszeiten

📋 Die Öffnungszeiten der Geschäfte sind sehr ausgedehnt, eigentlich können Sie überall auch sonntags (vormittags) einkaufen. Mittagspausen werden gerne eingehalten (12:00/12.30-14:00).

Wanderinfrastruktur

Die offiziellen Wanderwege der Regierung sind gelb-rot markiert, allerdings werden alte und nicht mehr gültige Markierungen nicht vernichtet und daher ist die Kennzeichnung in einigen Gegenden eher verwirrend.

Neuerdings zeichnen auch die Gemeinden Wanderwege aus und markieren diese meist blau-rot. Weitwanderwege, die von der Regierung gekennzeichnet werden, sind weiß-rot markiert. Natürlich ist die Initiative lobenswert, Wanderungen zu markieren, doch die Autorin warnt vor langen Passagen auf Asphalt und Straßen.

💻 wanderwege.visitazores.com/de/wanderwege-der-azoren

♯ Sie werden entlang der Straßen unzählige Rastplätze finden, viele sind wie Parks gepflegt und bieten WCs und Grillmöglichkeiten. Auf den Wanderungen hingegen müssen Sie sich meist mit natürlichen Sitzen, z. B. Baumstämmen u. Ä., begnügen.

✗ Nicht bei allen Wanderungen gibt es Einkehrmöglichkeiten.

WC Öffentliche Toiletten gibt es in den meisten Orten und diese sind dann auch gepflegt.

🏃 Wandern mit Kind

Die Azorer sind im Allgemeinen sehr kinderfreundlich, Kinder sind überall gerne gesehen. Zum Wandern sollten sie auf alle Fälle gute Schuhe mit Profilsohlen und auch etwas Übung haben.

🛒 Wandern mit Buggy

Selbst die Städte auf den Azoren sind nicht unbedingt buggyfreundlich, denn wenn überhaupt Bürgersteige vorhanden sind, so sind diese häufig sehr schmal. Die typischen Wanderwege sind ebenfalls sehr schmal und führen häufig auch über Stufen. Wenn Sie trotzdem mit Buggy auf den Azoren wandern wollen, dann sollten Sie und der Buggy extrem geländegängig sein.

🐕 Wandern mit Hund

Ihr vierbeiniger Freund kann meistens frei laufen und auch (Süß-)Wasserstellen findet er oft. Falls die Mitnahme von Wasser auf den Wegen nötig ist, so wird dies bei der jeweiligen Tour erwähnt. Geben Sie nur acht, wenn Sie auf einheimische Hunde treffen – diese betrachten das Terrain häufig als das ihrige und sind nicht unbedingt harmlos. Aber meistens sind sie angebunden.

Ob ein Hund allerdings einen so langen Flug auf sich nehmen sollte, ist zu überlegen. Bis zu einem Gewicht von 7 kg inkl. Tasche darf der Hund als (zu zahlendes) Handgepäck mit in die Kabine.

In den meisten Unterkünften wie auch Restaurants sind Hunde nicht erlaubt.

Klima/Reisezeit

Das Klima der Azoren ist relativ ausgeglichen, es wird selten wärmer als 30 °C und selten kälter als 14 °C, somit sind Wanderungen das ganze Jahr über möglich. Der Sommer ist nicht zu warm, der Winter nicht zu kalt. Regnen kann es während des ganzen Jahres. Ist es in den höher gelegenen Gebieten zu wolkig, weichen Sie bitte an die Küsten aus, wo zur selben Zeit die Sonne scheinen kann. Ohnehin kann es auf den Azoren strichweise Regen geben: In der einen Gemeinde regnet es, im Nachbardorf schon nicht mehr.

Auch von der Blüte her ist es sehr ausgeglichen, eigentlich blüht immer etwas. Die schönste Hortensienblüte ist von Ende Juni bis Anfang August, die der Kamelien Ende Februar/Anfang März. Dann blühen auch die Azaleen.

Das Meer ist im September am wärmsten und hat dann ca. 24 °C.

Karten & GPS-Track

📖 Azoren, Freytag & Berndt, Auto- und Freizeitkarte, Maßstab 1:50.000, ISBN 978-3-70791060-5

♦ Azoren, Kompass, Wanderkarten-Set, Maßstab 1:50.000, ISBN 978-3-85026964-3

GPS
Die GPS-Tracks zu den beschriebenen Wegen können Sie auf der Internetseite des Verlags (💻 www.conrad-stein-verlag.de) herunterladen.

Updates

Der Conrad Stein Verlag veröffentlicht Updates zu diesem Buch, die direkt von der Autorin oder von Lesern stammen. Sie finden diese auf der Verlagshomepage 💻 www.conrad-stein-verlag.de diesen Titel. Der abgebildete QR-Code führt Sie direkt dorthin.

São Miguel

Ostküste mit Lombo Gordo (Tour 10)

Die mit 747 km² größte Insel der Azoren empfängt auf dem Flughafen João Paulo II auch die meisten Besucher pro Jahr.

Ihre Hauptstadt Ponta Delgada (☞ Tour 1) ist in der Tat als Stadt zu bezeichnen. Mit Lagoa, Vila Franca und Ribeira Grande gibt es außerdem noch drei weitere Städte. Mehr als die Hälfte der Azorer wohnt auf São Miguel (138.000 Ew.), doch auch diese Insel zeigt sich außerhalb der Städte eher ländlich und ist daher für Wanderer sehr attraktiv.

Ein Anziehungspunkt ist der Ort Furnas im gleichnamigen Krater (☞ Tour 7), berühmt für seine Thermalquellen und das Essen, welches direkt in heißen Quellen gegart wird.

☺ Seit 1883 wird an der Nordküste im Familienbetrieb Gorreana Tee angebaut, eine Einmaligkeit in Europa. (Plantação de Chá Gorreana, 9625 Maia, ☎ +351 296 442 349, 🖳 gorreana.pt, 🕙 Mo-Fr 8:00-20:00, Sa-So 9:00-20:00. ☺ Interessanter ist ein Besuch während der Arbeitszeit, Mo-Fr bis 17:30.)

São Miguel hat auch die dichteste Infrastruktur mit großen Einkaufszentren, Schulen und Universität, Krankenhaus und vielen Übernachtungsmöglichkeiten.

🚢 🛥 Erreichen können Sie die Insel nur mit dem Flugzeug, Fährverbindungen gibt es auch vom Festland nicht.

ℹ Informationsbüros sind über die ganze Insel verstreut, das erste entdecken Sie gleich in der Empfangshalle im Flughafen. Eines der Hauptbüros befindet sich in Ponta Delgada (Avenida Infante D. Henrique, ☎ +351 296 308 610, 📧 info.turismo@azores.gov.pt, 🕙 Mo-Fr 9:00-12:30 und 14:00-17:30). Weitere Büros gibt es in Agua de Pau, Furnas, Povoação, Nordeste und Ribeira Grande.

🛏 Die meisten Hotels und Pensionen finden Sie in Ponta Delgada, sehr schöne Unterkünfte inklusive Ferienhäusern gibt es aber auch außerhalb, z. B. im Gebiet von Caloura und in Furnas.

⛺ Campingplätze liegen in Furnas, Caminho das Queimadas. Der Platz in Sete Cidades hat wegen der sanitären Verhältnisse einen schlechten Ruf und soll ausgebaut werden. In Nordeste finden Sie am Schwimmbad Boca da Ribeira einen Platz.

✕ Restaurants sind in großer Zahl über die ganze Insel verstreut, Cafés und Bars gibt es in jedem kleinen Ort.

🛒 🏪 Einkaufen können Sie täglich in fast jedem Ort. Die Tante-Emma-Läden leiden auch hier immer mehr unter den mächtigen Supermärkten oder gar Einkaufszentren. Große Supermärkte stellt die Kette Continente (🕐 die meisten Mo-So 9:00-22:00), die größten davon in Ponta Delgada im Einkaufszentrum Parque Atlantico, in Lagoa bei der Autobahn, in Ribeira Grande und in Fajã de Baixo bei Ponta Delgada. Im Einkaufszentrum Parque Atlantico (Rua de Juventude, ☎ +351 296 307 550) gibt es moderne Läden, u. a. einen Sportladen mit Wanderartikeln. Einen weiteren finden Sie ganz in der Nähe (Decathlon, Rua Dr. José Estrela Rego, 2, beim Krankenhaus, ☎ +351 296 650 970).

✚ Die Notaufnahme des Krankenhauses Hospital Devino Espirito Santo ist rund um die Uhr geöffnet (Rua da Grotinha, 9500-370 Ponta Delgada, ☎ +351 296 203 000).

🚌 Die Busverbindungen der drei verschiedenen Linien der Insel werden Sie kaum nutzen können, da diese morgens in die Hauptorte fahren und am Spätnachmittag/Abend wieder zurück, also eher konträr zu den touristischen Wanderzielen und -zeiten.

🌊 São Miguel hat überraschend viele Vulkansandstrände (☞ Tour 8), von denen einige nur zu Fuß erreichbar sind (☞ Tour 6). Zur Badeinsel Ilhéu de Vila Franca fährt in den Sommerferien ein kleines Boot von Vila Franca aus.

Nicht versäumen sollten Sie die Anlage Caldeira Velha bei Ribeira Grande (🕐 März-Mai und Okt. 10:00-18:00, Juni-Sept. 9:00-20:30, Nov.-Feb. 9:00-17:00). In der Hauptsaison drängeln sich leider sehr viele Besucher in dem Sitzthermalbecken, das Becken unter dem kühleren Wasserfall ist meistens leer. Der kleine Spaziergang dorthin lohnt sich schon wegen der Baumfarne.

🥾 Empfehlenswerte offizielle Wanderwege finden Sie unter
💻 wanderwege.visitazores.com/de/wanderwege-der-azoren/sao-miguel

◆ PRC9SMI (Faial da Terra/Salto do Prego): zu kombinieren mit PRC11SMI (Ribeira do Faial da Terra) – selbst wenn dieser gesperrt bleiben sollte, ist der Weg problemlos passierbar.

◆ PRC2SMI (Lagoa de Fogo von Süden): Biegen Sie am Seeufer bitte entgegen der Wanderzeichen nach rechts ab, laufen Sie zum höchsten Punkt des Ufers und biegen Sie dann wieder rechts ab, so müssen Sie nicht denselben Weg zurückgehen.

❶ Durch die Gärten der Gentlemenpflanzer

✕ ☕ ⊼ 🛝

Tour für Geschichtsinteressierte und Fans von alten Bäumen 🚶🚶 🚶🚶🚶 👶👶 🐕

Sie starten im historischen Zentrum der größten Stadt der Azoren, bummeln über den Gemüsemarkt und spazieren danach durch die schönsten Parkanlagen. Die Gärten sind alle im 19. Jh. als Privatgärten der reichen Orangenbarone entstanden und es können bemerkenswerte alte Bäume von allen Kontinenten bestaunt werden. Kurios ist, dass die Orangenbarone früher eine Art Wettbewerb veranstalteten, wer den exotischsten Garten besaß – daher diese Vielfalt heute.

↻	Start/Ziel: zentraler Platz Praça Velho Cabral, Ponta Delgada, GPS N 37°44.353' W 025°40.088'
➲	7,2 km
⧖	3 Std. 30 Min.
↑↓	530 m/530 m
⇧	1-70 m
✎	keine Markierungen
✕	Es gibt genügend Cafés und Bars am Weg.
⊼	Sitzbänke bei km 3
🛝	Sie passieren einen Wochenmarkt mit Käseladen (km 0,8).
🚶	Mit Kindern sollten Sie vielleicht nur den letzten Garten mit Kinderspielplatz und Café besuchen.
👶	Die Wege in den Parks sind für Buggys geeignet, die Straßen und Bürgersteige im Zentrum sehr schmal.
🐕	Die schmalen Straßen sind für Hunde weniger geeignet und in den Parks sind sie nicht gern gesehen.
🅿	Parkhaus unter der Uferstraße Avenida Dom Infante

Sie gehen vom zentralen Platz durch die Stadttore hindurch, passieren die Hauptkirche São Sebastião aus dem 16. Jh. und laufen geradeaus die Fußgängerzone hoch bis zur Rua Machado Santos, auf der Sie sich rechts halten.

An der Ampelkreuzung gehen Sie geradeaus weiter und kommen am Theater vorbei, kurz danach liegt rechts 🛝 der Eingang zum Markt. ☺ Rechts an der Ecke finden Sie den Laden O Rei dos Queijos (Käsekönig, 🕘 Mo-Fr 8:00-19:00, Sa 7:00-18:00, So 8:00-13:00), der nicht nur alle Käsesorten der Azoren (auch zum Probieren) anbietet, sondern auch das vollständigste Sortiment von azorischen Produkten überhaupt hat.

  Danach machen Sie einen Schlenker über den Markt Mercado da Graça (🕐 Mo-Fr 8:00-18:00, Sa 7:00-13:00). Vielleicht kaufen Sie eine der leckeren heimischen Ananas.

Im Käsekönig

  Die Ananas auf den Azoren wird in Treibhäusern aus Schösslingen gezogen und 18 Monate gepflegt. Nach 9 Monaten werden die Treibhäuser mehrere Nächte hintereinander ausgeräuchert, um das Aufblühen zu fördern. Die Ananas ist eine sogenannte Scheinfrucht, bei der viele einzelne Früchte (die einzelnen kleinen Felder) zusammenwachsen, und gehört zu den Bromeliengewächsen. Die hiesige Ananas ist besonders süß und aromatisch. ☺ Falls die Frucht doch mal säuerlich sein sollte, geben Sie etwas Salz darüber, das entzieht die Säure und man schmeckt es nicht.

  Am östlichen Ausgang verlassen Sie den Markt und gehen schräg gegenüber in die Rua Padre Serrão, weiter bis zur Querstraße und auf dieser 50 m nach rechts. Nach 1,3 km liegt links der Eingang zum Garten der Universität der Azoren, die 1976 gegründet wurde.

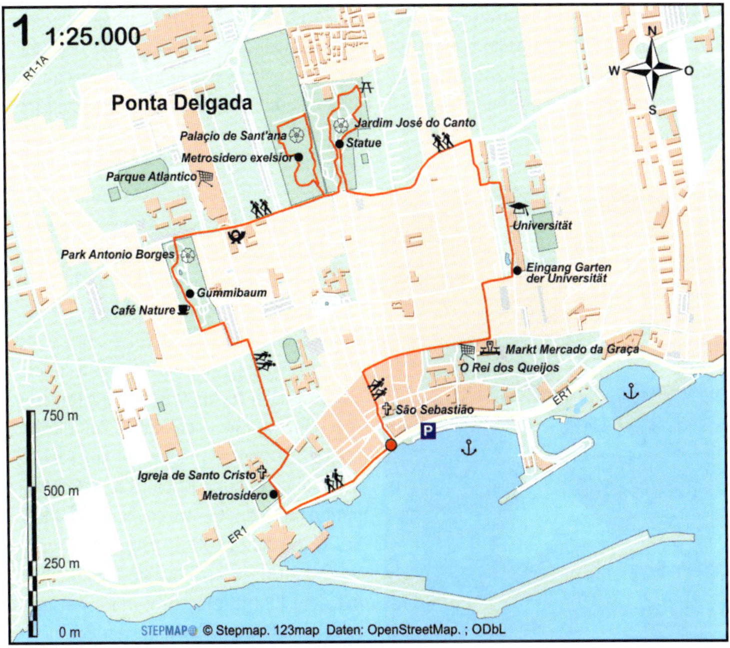

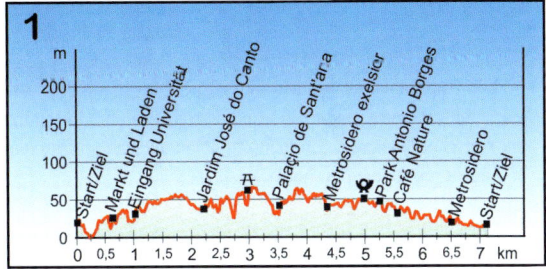

1 1:25.000

Ponta Delgada

Palácio de Sant'ana
Metrosidero exelsior
Parque Atlantico
Jardim José do Canto
Statue
Park Antonio Borges
Gummibaum
Café Nature
Universität
Eingang Garten der Universität
Markt Mercado da Graça
O Rei dos Queijos
São Sebastião
Igreja de Santo Cristo
Metrosidero

750 m
500 m
250 m
0 m

STEPMAP ⓐ © Stepmap. 123map Daten: OpenStreetMap. ; ODbL

Der Garten (🕐 Mo-Fr 7:00-22:30, Sa 7:00-18:00) wurde als Privatgar-
ten in der zweiten Hälfte des 19. Jh. angelegt. Bereits aus dieser Zeit stammt die
Araukaria columnaris, die kurz nach dem Eingang auffällt. Es gibt mehrere Arau-
karienarten, sie waren früher auf die Südhalbkugel beschränkt und gehören zu

den Koniferen. Häufig trifft man auf den Azoren die Araucaria heterophylla an, die von den Norfolkinseln kommt und in Deutschland als Zimmertanne bekannt ist. Interessanterweise haben früher die reichen Familien eine Araukarie gepflanzt, die sehr hoch wächst (über 50 m) – sie wollten damit ihren Reichtum und Einfluss demonstrieren.

Azorina vidalii

Sie gehen geradeaus weiter, nach 40 m rechts über eine Brücke und am folgenden Querweg links hinauf. Nach weiteren 100 m biegen Sie nach links ab, laufen dann rechts im Bogen hinauf und kommen so nach 1,6 km zum seitlichen Ausgang. Auf der Straße wenden Sie sich nach rechts und auf der folgenden Querstraße nach links. An dieser breiten Straße ist nach 2,4 km rechts der Eingang zum Botanischen Garten Jardim José do Canto erreicht (🕐 Mo-So, Okt.-März 9:00-15:00, April-Sept. 9:00-19:00, € 3,50). Sie bekommen mit dem Eintritt eine Broschüre mit der Bezeichnung der markantesten Bäume.

Bitte beachten Sie gleich nach dem Eingang rechts die vielen Vidalias.

Die Azorina vidalii wächst häufig direkt an schroffen Küsten und hat im Sommer mehrere rosafarbene, glockenförmige Blüten – die hübschesten Blüten der endemischen Pflanzen. (Endemische Pflanzen sind solche, die es ursprünglich nur in einer Region gegeben hat.)

Sie gehen geradeaus auf die Statue des Parkgründers José do Canto zu, halten sich dort rechts und sehen so den riesigen Baum Ocotea foetens, dessen Früchte mit Eicheln verwechselt werden können.

Der Ocotea foetens gehört zu den Lorbeergewächsen und wird auch Stinklorbeer genannt, da frisch geschlagene Stämme unangenehm riechen.

Dort wenden Sie sich nach links und nach 20 m wieder nach rechts und kommen so auf eine Esskastanie zu. An dieser gehen Sie wiederum nach links und gleich wieder nach rechts und können dann nach 2,7 km einen Schlenker durch eine kleine Anpflanzung endemischer Pflanzen machen. An deren Ausgang geht es dann nach rechts und Sie finden bald links eine Anpflanzung von Riesenbambus, Bambusa cambos. Falls ein Lüftchen geht, können Sie den sich wiegenden Stämmen lauschen.

Hier gehen Sie später rechts weiter und kommen so zu einem leicht erhöhten Terrain mit ⛩ Sitzbänken. Am entgegengesetzten Ende gehen Sie wieder hinunter, wenden sich nach links, wandern unterhalb des Rosenbeetes nach rechts und laufen so geradeaus auf den beeindruckenden Gummibaum Ficus macrophylla mit seinen riesigen, hoch aus der Erde ragenden Wurzeln zu.

Gummibaum Ficus macrophylla

Kurz vorher fallen die Früchte der Eiche Quercus rotundilolai auf. Von hier gehen Sie nun geradeaus wieder hinunter und auf dem Hauptweg abwärts. 🖐 ☺ Hier rechts nach oben geht es zu einer Pension mit WC und ☕ Café (🕐 Mo-So 9:30-17:00).

Dort, wo halb rechts ein Sandweg abzweigt, können Sie sich noch die hübschen Kachelbilder zu wichtigen Persönlichkeiten und geschichtlichen Ereignissen ansehen, bevor Sie nach 3,5 km wieder auf die Straße treten.

Hier wenden Sie sich nach rechts und haben sofort den nächsten Park vor sich: den Garten vom Palaçio de Sant'ana, dem offiziellen Sitz des Präsidenten der Azoren aus der Mitte des 19. Jh. (🕐 April-Sept. Di-Sa 10:00-16:00, Okt.-März Sa 13:00-17:00). Hier bekommen Sie gegen Ihren Ausweis einen Passierschein.

Spazieren Sie geradeaus hinauf am Palast vorbei. Oben angelangt biegen Sie an den Treibhäusern und an deren Ende jeweils nach links ab und fühlen sich auf diesen gepflegten Wegen ganz herrschaftlich. Sie gehen wieder am Palast vorbei und sehen dann nach 4,4 km eine wahre Landschaft eines Neuseeländischen Weihnachtsbaums.

Dieser Metrosiderus excelsa ist wohl der beeindruckendste seiner Art auf den Azoren. Der Name kommt von den tennisballgroßen roten Blüten, die in seiner Heimat im Dezember und Januar und hier Anfang des Sommers aufblühen. Hereinspaziert!

Später gehen Sie weiter hinunter, laufen am Teich entlang und gelangen nach 4,7 km wieder zum Ausgang des Präsidentengartens.

Draußen wenden Sie sich nach rechts und kommen nach 400 m am Eingang des Stadtfriedhofs vorbei. An der folgenden Ecke links liegt die Hauptpost (🕐 Mo-Fr 8:30-18:30). 🖐 Wenn Sie an der folgenden Kreuzung rechts hinaufgehen, so ist nach 100 m der Eingang zum ✕ 🛝 Einkaufszentrum Parque Atlantico (🕐 Mo-So 10:00-22:00) erreicht.

Sie gehen an dieser Kreuzung geradeaus. Nach 5,3 km liegt links der Eingang zum Park Antonio Borges. Spazieren Sie hier gemütlich hindurch, bestaunen Sie rechts und links des Weges die Grotten aus Lavagestein und versäumen Sie nicht den berühmtesten Vertreter des Parks, den prächtigen Gummibaum nach 300 m links des Hauptweges.

Im ☕ Café Nature 60 m weiter unten (🕐 Mo-So 10:00-18:00) können Sie sich eine Pause gönnen und Kinder können den Kinderspielplatz schräg gegenüber nutzen.

Danach gehen Sie zum unteren Ausgang des Parks, biegen links, auf dem Parkplatz rechts und unten dann wieder links ab. Nach 6 km gehen Sie rechts in die Rua de São Miguel, überqueren den folgenden Platz Largo 2 de Março halb rechts, wandern die Rua Diario dos Açores hinunter und biegen an deren Ende nach 6,4 km rechts in die Rua Gil M. Sequeira ab.

100 m weiter liegt rechter Hand die ✝ Klosterkirche Igreja de Santo Cristo, die es sich zu besuchen lohnt. Beachten Sie die Christusstatue im hinteren Chor, Mittelpunkt des größten kirchlichen Festes der Azoren fünf Wochen nach Ostern.

Danach gehen Sie geradeaus über den Platz Campo de São Francisco und kommen an dem Metrosidero aus dem Jahr 1870 vorbei.

Sie laufen weiter geradeaus in Richtung Meer, biegen nach 6,7 km links auf die Uferstraße Avenida Infante Dom Henrique ab und erreichen nach weiteren 500 m den Ausgangspunkt an der Statue von Velho Cabral.

❷ Der Weg der zwei Welten   ⊼ WC 🏠 ✿

Tour für Landschaftsgenießer   ᴬᴬᴬ ᴬᴬᴬ ᴬᴬᴬ 🚼 🐕 🐕 🐕 🐕

Diese Wanderung ist für alle ideal, die dem Trubel der Autos, Jeeps und Minibusse auf dem Kraterrand von Sete Cidades entgehen wollen, aber dennoch wunderschöne Ausblicke auf diesen und andere Krater werfen möchten. Sie wandern entlang von kleinen Kraterseen auf einer kahlen und dennoch faszinierenden Hochebene zu einem verschlungenen, verwunschenen Pfad in tiefem Grün.

↻	Start/Ziel: an der ER8 gegenüber dem Tor zum Lagoa de Canário, GPS N 37°50.089' W 025°45.519'
➷	9,1 km
⧖	3 Std.
↑ ↓	735 m/735 m
⇧	710-890 m
✎	rot-gelbe, undeutliche Markierungen im ersten Teil
⊼	Rastplätze mit Grill nach dem Lagoa do Canário (km 6,2)
WC	Toiletten bei den Rastplätzen
ᴬᴬᴬ	Kinder können an zwei Seen spielen.
🚼	Rund um die Rastplätze können Sie mit Buggy wandern.
🐕	Hunde können frei laufen.
🅿	Parkmöglichkeiten am Start/Ziel

Sie parken links der Straße ER8 von Ponta Delgada nach Sete Cidades, wo rechts ein Schild zum Lagoa do Canário weist. Dort steht auch eine Wandertafel, doch der Weg ist unklar beschriftet.

Folgen Sie dem deutlichen Weg gen Süden und halten Sie sich nach 380 m geradeaus. Auch kurz danach bleiben Sie auf dem Hauptweg und umgehen so ein Feuchtgebiet, in dem sich auch mal ein See befinden kann. Achten Sie am Wegesrand auf die endemische Orchidee (☞ Tour 7). Nach 600 m biegt der Weg nach rechts, im Weiteren halten Sie sich geradeaus. Es folgt ein ausgewaschenes Wegstück mit Schotter im Untergrund. ✋ Nach 810 m folgen Sie nicht den Wegzeichen nach rechts, sondern gehen geradeaus auf dem schmalen Weg weiter. Sie kommen am Schluss von rechts wieder hierher zurück.

Sie haben einen ersten Scheitelpunkt erreicht. Der schmale Weg, der teilweise auch ausgewaschen ist, führt Sie nun hinab. Sie kommen an einer Barriere für

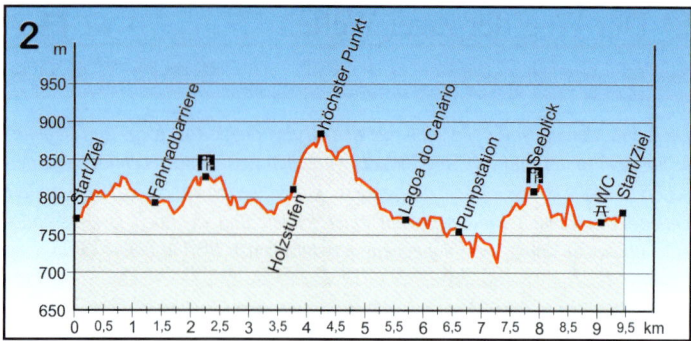

Radfahrer vorbei und halten sich nach 1,5 km auf dem deutlichen Weg geradeaus. Gleich danach gelangen Sie zu einer Wegkreuzung. Geradeaus gehen Sie später weiter, rechts geht es in wenigen Metern zum Seeufer des Lagoa Rasa I und links können Sie einen kurzen ☜ Abstecher zu einem Aussichtspunkt machen, der allerdings auch von Jeeps angefahren wird. Dazu gehen Sie nach 200 m durch die Torpfosten, halten sich danach links und erreichen nach 500 m den Aussichtspunkt mit Blick hinunter zum Lagoa de Pau Pique und den beiden unter Ihnen liegenden Lagoas Empatadas. Dann gehen Sie wieder zurück bis zur Wegkreuzung in der Nähe des Seeufers vom Lagoa Rasa I.

Wieder zurück wandern Sie auf dem Weg in Ufernähe weiter. Nach 3,4 km geht es am gegenüberliegenden Ufer rechts ab und kurz danach halb rechts weiter. Wieder kommen Sie im Wegverlauf an einer Barriere für Radfahrer vorbei. Kurz danach biegt der Weg nach rechts und ist im Folgenden auch wieder ausgewaschen. Nach 3,7 km führen Stufen rechts die Böschung hinauf, danach verläuft die Trittspur oberhalb des stark ausgewaschenen Hauptweges. 150 m weiter biegen Sie nach links ab und bleiben auf der Trittspur, bis diese wieder den unteren Hauptweg erreicht. Hier führt ein Pfad rechts hinauf, diesen nehmen Sie und erreichen nach 4 km einen querenden Pfad. 🏙 Rechts geht es hier in wenigen Metern zu einem Aussichtspunkt mit Blick über das Hochplateau, den Sie sich nicht entgehen lassen sollten.

Dann laufen Sie hier links weiter auf den Vermessungspunkt in 889 m Höhe zu. Von dort geht es auf deutlichem Pfad hinab. Später kommt ein weiterer See, der Lagoa das Éguas, in Sicht. Nach 4,3 km stößt der kleine Pfad auf einen breiteren, auf dem Sie in Laufrichtung geradeaus weitergehen. Nach 200 m biegt dieser Weg rechtsherum, Sie wechseln hier links auf den schmalen Weg und bleiben auf diesem, bis wenige Trittstufen auf den bereits bekannten Weg führen, auf dem Sie sich nach links wenden. Nach 300 m können Sie nach links abkürzen und kommen nach weiteren 100 m wieder auf den Hauptweg, der Sie zurück zum Parkplatz bringt.

Um in die zweite „Welt" des heutigen Tages einzutauchen, überqueren Sie die Straße und gehen durch das Tor (falls geschlossen rechts vorbei) des Ausflugsgeländes vom Lagoa do Canário.

Auf Naturstufen steigen Sie nach 5,5 km links hinab. Unten erwartet Sie der stille Lagoa do Canário, benannt nach dem hier heimischen Kanarienvogel.

Sie gehen wenige Schritte zurück, halten sich dann links auf der Wegspur am Waldrand und kommen bald zu einem 📷 Aussichtspunkt am Seeufer. Von dort gehen Sie die Stufen hinauf und erreichen einen breiten Forstweg. Falls der eben beschriebene Weg am Waldrand zu nass sein sollte, gehen Sie die Stufen vom ersten Aussichtspunkt wieder hoch, halten sich dort an der Gabelung links und kommen so zu den zweiten Stufen.

Auf dem Hauptweg halten Sie sich links, kurz danach biegen Sie rechts um, an 🜨 Picknicktischen und Grillplätzen mit WC vorbei.

Vor dem WC führen links Stufen hinab, dort steigen Sie hinunter und unten gehen Sie rechts am Baumfarn vorbei geradeaus weiter.

Sete Cidades

Baumfarne (Sphaeropteris cooperi) kommen ursprünglich aus Australien und fühlen sich in der feuchtwarmen Luft der Azoren sehr wohl. Sie wachsen schnell, der Stamm kann bis zu 9 m hoch werden und besteht aus Röhren, ummantelt von Blattstielen und Luftwurzeln.

Der Weg wird eben und führt an verschiedenen Pumpstationen vorbei. Nach 6,2 km biegen Sie links ab, bleiben auf diesem Weg und biegen an den folgenden zwei Abzweigungen nicht nach rechts ab, sondern erst an der dritten 200 m weiter, die über einen Steg führt. Es geht weiter geradeaus, bis der Weg vor einer weiteren Pumpstation rechts über Naturstufen hinaufführt. Oben treffen Sie wieder auf den Hauptpfad, der dort eine Wendeschleife macht. Hier ist auch ein Aussichtspunkt mit Blick auf den Kraterrand und den Lagoa Azul erreicht. ⮱ Zudem

könnten Sie, wenn Sie hier rechts auf die Wiese absteigen, geradeaus den Kraterrand erreichen.

Sie gehen geradeaus auf der Forststraße weiter und erreichen nach einer Linkskurve rechts den Aufgang zu einem weiteren Aussichtspunkt, zunächst mit Blick auf einen Teil des Lagoa Azul und des Kraterrands und weiter vorne dann mit Aussicht auf den Lagoa Azul, das Dorf im Krater, den Lagoa de Santiago sowie den Lagoa Rasa II.

Zurück auf dem Forstweg halten Sie sich rechts und treffen nach 8,1 km links auf Stufen, die hinabführen. Steigen Sie dort hinunter. Sie treffen wieder auf Pumpstationen. Immer weiter geradeaus erreichen Sie dann erneut den schon erwähnten Baumfarn, halten sich dort rechts, kommen zu den Stufen und kommen so wieder hinauf zum zuvor erwähnten Picknickgelände. Oben halten Sie sich links und gehen geradeaus zurück zur Pforte und zum Parkplatz.

③ Tunnelweg zum Höllenfenster

Tour für Naturliebhaber

Diese Wanderung führt Sie von einer offenen Weidelandschaft ganz plötzlich zu einem verschlungenen Tal mit kleinen Tunneln, Wasserläufen und einem „Höllenfenster", eine Tour mit Überraschungen. Für Querfeldeinwanderer ist am Schluss noch eine Abenteuervariante eingebaut.

↻   Start/Ziel: an der ER6 von Lagoa zum Lagoa de Fogo kurz hinter Remedios, GPS N 37°44.947' W 025°31.773'

➲   5,6 km

⧗   2 Std. 15 Min.

↑ ↓   520 m/520 m

⇧   334-415 m

✎   Die größten Teile des Weges sind als PRC 37 markiert, Hin- und Rückweg wurden verändert, um Straßen zu vermeiden.

🜊   Grillplatz am offiziellen Anfang des Weges in Remedios (1 km vor dem Start)

👪   Kindern werden ihren Spaß an Tunneln, Wasserläufen und schmalen Brücken haben.

🚌   Für Buggys ist der Weg zu schmal.

🐕   Hunde können frei laufen.

🅿   Parkmöglichkeit am Start/Ziel (Sie fahren von Lagoa in Richtung Lagoa de Fogo, vorbei am Grillplatz in der Linkskurve im Ort Remedios, wo auch die Wandertafel steht. Von dort fahren Sie noch 1 km weiter hinauf und parken rechts auf dem Betonweg.)

    Sie gehen immer geradeaus auf dem Betonweg, an dem Sie geparkt haben. Nach 1 km biegen Sie in den zweiten Feldweg rechts ab. 200 m weiter biegen Sie wiederum rechts und nach 1,5 km links ab. Der Weg wird schmaler und trifft 200 m weiter auf eine Wiese, die Sie überqueren und wo Sie einen Weg finden, der nach links wegführt. Sie kommen sogleich zum ersten Tunnel von 12 m Länge, durch den Sie gehen.

    Danach fühlen Sie sich wie in einer anderen Welt: Ein grüner Dschungel erwartet Sie. Sie folgen dem deutlichen Weg und treffen nach 2,1 km auf ein Wasserhaus, hinter dem Sie die Stufen nach rechts hinuntergehen. 200 m weiter führt der Weg nach links und nach 2,6 km gehen Sie rechts auf eine schmale Brücke und biegen hinter dieser scharf links ab. Sie treffen sogleich auf einen

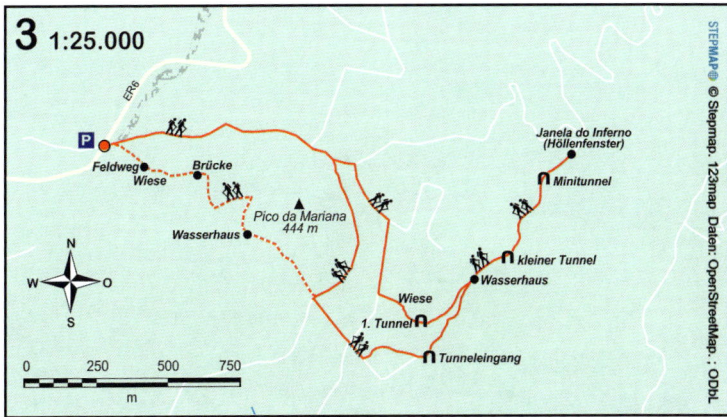

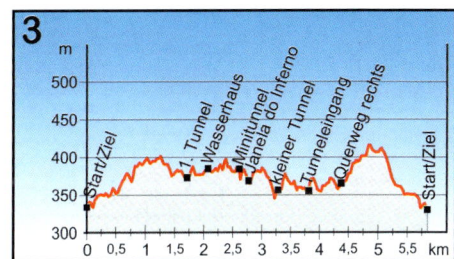

Querweg, auf dem Sie später nach links gehen. Nun jedoch wenden Sie sich erst nach rechts und erreichen 200 m weiter das Ende der Schlucht mit dem Felsloch Janela do Inferno (Höllenfenster).

Diese 200 m gehen Sie wieder zurück und laufen dann geradeaus durch einen Minitunnel, halten sich geradeaus und treffen nach 3 km auf ein Pumpenhaus. Nach 3,8 km liegt rechts unter Ihnen der Eingang zu einem fast 100 m langen Tunnel, diesen können Sie jedoch bequem links umgehen und kommen so auch auf die Wiese, auf der Sie geradeaus nach unten gehen.

Am anderen Ende führt Sie der Weg nach links und am folgenden Querweg geht es nach rechts, bereits wieder in der offenen Weidelandschaft. Sie wandern geradeaus durch eine Senke und überqueren einen Weg, bevor Sie nach 4,4 km auf einen weiteren Querweg stoßen.

✋   Hier führen die Wanderzeichen nach links, Sie halten sich jedoch rechts und bleiben auf diesem Feldweg, bis Sie nach weiteren 500 m auf die Betonpiste stoßen, die Sie zurück zum Ausgangspunkt bringt.

Blick auf Lagoa und Ponta Delgada

⇘ Variante für Querfeldeingeher: Am Querweg gehen Sie noch 400 m geradeaus. Kurz nach einem Wasserhaus biegt der Feldweg nach rechts und Sie haben einen schönen Blick auf Ponta Delgada und Sete Cidades. Der Weg steigt leicht an und nach 100 m biegen Sie links auf die Wiese ab und gehen auf ihr halb links hinunter auf eine Gruppe von Sicheltannen zu.

An den Sicheltannen vorbei wandern Sie am linken Wiesenrand bergab und sehen schon halb rechts eine schmale Brücke auf der Wiese. Diese steuern Sie an, überqueren sie nach 800 m und laufen geradeaus über eine weitere.

Gleich nach der zweiten Brücke biegen Sie links auf einen überwachsenen Pfad ab. Nach 940 m sehen Sie rechts einen Einschnitt in der Wiese, auf diesen gehen Sie zu und finden kurz danach einen Feldweg, der Sie nach 1,2 km zurück zur Betonpiste und dann nach 30 m zurück zum Ausgangspunkt bringt.

➍ Waldeinsamkeit am Feuersee

Tour für Landschaftsgenießer

Eine wirklich anspruchsvolle Tour auf schmalen, einsamen Wegen, die ein wenig Orientierungssinn erfordert, aber landschaftlich begeistert. Eine Pause mit Bademöglichkeit am Lagoa de Fogo entschädigt für die Mühen.

↻   Start/Ziel: Parkplatz am unteren Aussichtspunkt des Lagoa de Fogo, GPS N 37°46.167' W 025°29.307'

➲   6,3 km

⧗   3 Std. 30 Min.

↑ ↓   480 m/480 m

⇧   582-826 m

✎   keine Markierungen

〰   Feuersee (km 4,5)

👪   Die Wanderung eignet sich nur für geübte, größere Kinder. Mit kleineren steigen Sie am besten direkt vom Parkplatz hinab und hinauf und machen unten einen ✋ Abstecher, das Bad im See ist eine Freude. (☞ Abstecher „Kurze Runde im Krater")

🚼   Für Buggys ist der Weg viel zu schmal.

🐕   Die Wanderung ist für Hunde nur bedingt geeignet, da der Weg im ersten Teil sehr zugewachsen ist.

🅿   Parkplatz am Start/Ziel

Sie starten, von Norden her kommend, am ersten Aussichtspunkt mit Blick auf den Lagoa de Fogo. Dort steht am linken Rand eine Kacheltafel und dort beginnt der Weg auf dem Grat (Krete). ✋ Nach 440 m finden Sie links des Weges einen Grenzstein, hier geht ebenfalls links eine schmale Wegspur ab, auf die Sie abbiegen (N 37°46.233' W 025°29.053'). Nun beginnt der etwas abenteuerliche Teil der Wanderung, denn der Weg ist teilweise stark überwachsen. Sie wandern durch die wieder nachgewachsenen Vertreter des Ursprungswalds, des endemischen Lorbeerwalds Laurissilva.

Laurissilva: Der Ursprungswald ist auf den Azoren so gut wie vernichtet worden, wächst heute aber an einigen Stellen wieder nach. Sein Namensgeber, der Laurus azorica, wird auf dieser Wanderung besonders häufig angetroffen. Die Blätter duften schwach wie der Gewürzlorbeer, sind jedoch ovaler.

Hier treffen Sie auch häufig den kleinen Busch Viburnum tinus an, ein Schneeballgewächs, welches zur Blütezeit im Frühsommer seinem Namen alle Ehre macht.

Viburnum Tinus

Sie bleiben auf der Krete und laufen auf einen kleinen, überwachsenen Gipfel zu, den Sie nach weiteren 260 m umgehen, indem Sie links auf die Trittspur wechseln. Der Weg über die Spitze ist total zugewachsen.

Nach 930 m führt der Weg in einen Wald, kurz darauf geht es an einem kleinen Platz rechts versetzt weiter und Sie kommen nach 150 m aus dem Sicheltannenwald hinaus. Nach 1,3 km folgt ein kurzer, matschiger Abstieg und Sie verlassen die Krete nach links. 240 m weiter ist das feuchte Stück überwunden und es geht einige Tritte hinauf. Nach weiteren 100 m wandern Sie rechts wieder auf die Krete hinauf und kommen nach 1,6 km in einen weiteren Sicheltannenwald. 🖐 Nach 100 m in diesem Wald biegen Sie nicht rechts mit dem deutlichen Weg um, sondern gehen hier geradeaus auf die schmale Spur. (Der Weg nach rechts endet bald an umgefallenen Bäumen.) Nach wenigen Minuten wird der Weg ein wenig breiter und auch deutlicher.

🖐   Nach insgesamt 2,4 km (N 37°46.556' W 025°28.190') treffen Sie auf einen Weg, der nach rechts hinabführt, rechts ist ein kleiner Pfahl. ↬ Hier geht es geradeaus weiter nach Lombadas.

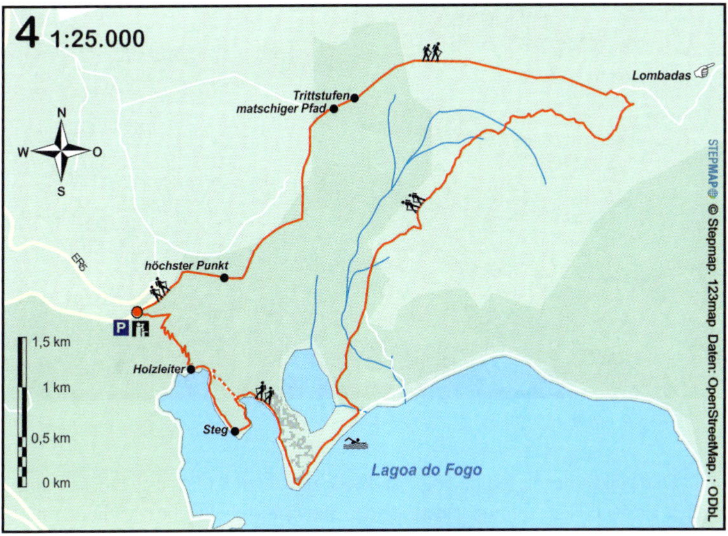

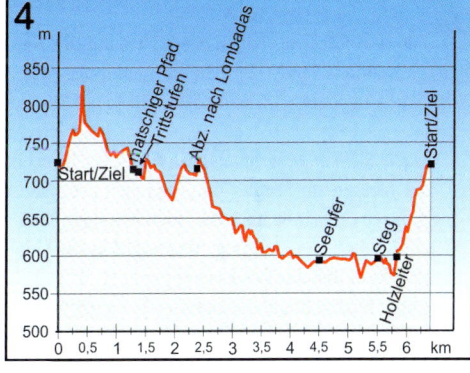

Sie biegen hier rechts ab und steigen auf zunächst sehr rutschigem Weg hinab. Bald wird der Weg ebener, führt durch einen Wald und quert dreimal einen Bach.

Nach 3,9 km öffnet sich die Landschaft und der See ist zu erahnen. 400 m später gehen Sie über ein Hochmoor, wo die Möwen gerne nisten und gerade im Frühjahr ein großes Geschrei machen. Hier halten Sie sich auf der gerade noch zu erkennenden Spur halb links und laufen so auf einen Einschnitt und auf das Seeufer des Lagoa de Fogo zu, welches Sie nach 4,5 km erreicht haben. Suchen Sie sich hier ein schönes Plätzchen am Strand, machen Sie eine Pause, kühlen Sie die Füße oder gehen Sie schwimmen.

Lagoa do Fogo

Der Vulkan des Lagoa de Fogo ist 1563 zum letzten Mal ausgebrochen, mit einer riesigen Feuersbrunst. Heute ist der See Naturschutzgebiet, es führen nur Wanderwege an das Ufer. Die Strände bestehen aus zerriebenen Bimssteinen.

Für den Rückweg halten Sie sich dann am Seeufer rechts und kommen zu einem weiteren Sandstrand. Sie bleiben in der Folge immer direkt am Ufer. Wenn der Wasserspiegel hoch sein sollte, führt eine Spur knapp oberhalb des Ufers entlang.

Nach 5,2 km geht ein schmaler Weg nach rechts hinauf.

Sie bleiben am Seeufer und erreichen nach der nächsten Kurve einen kleinen Steg. Nach 5,7 km kommt der oben erwähnte Weg von rechts und gleich darauf beginnt schon der Aufstieg, der sogleich zu einer fest verankerten Holzleiter führt. Dieser Teil des Weges wird gepflegt. Es geht über zum Teil recht hohe Stufen stetig hinauf zum Parkplatz, den Sie auch schon vom Seeufer aus sehen konnten.

✎ Kurze Runde im Krater: Sie gehen direkt vom Parkplatz die Stufen hinab zum Seeufer, bleiben unten nicht am Seeufer, sondern laufen geradeaus auf dem schmalen Weg hinauf und wieder hinab und kommen so zu einer kleinen Bucht. Hier wenden Sie sich nach rechts und gelangen so entlang des Ufers wieder zum Aufstieg.

⑤ Das Maar des Herrn Congro

Tour für Landschaftsgenießer

Diese einsame Wanderung führt Sie auf Waldwegen an zwei Stellen an das Ufer des Lagoa do Congro und lädt zum Baden ein. Die Wege sind verschlungen und die Natur noch unberührt und vielfältig. Die ideale Tour für Familien und für Tage, an denen es an der Küste zu heiß ist.

↻	Start/Ziel: an der Straße zwischen ER4 und Monte Escuro, GPS N 37°45.616' W 025°24.559'
➲	4,6 km
⧗	1 Std. 30 Min. (ohne Badepause)
↑ ↓	485 m/485 m
⇧	395-536 m
✎	keine Markierungen
≋	Badestelle bei km 2,9
🚶	Die leichte Tour ist auch für kleinere Kinder geeignet, da der See lockt.
🛒	mit geländegängigem Buggy bis zum Seeufer machbar
🐕	Hunde können frei laufen.
🅿	Parkmöglichkeit direkt am Start/Ziel (Sie fahren von der EN1-1a von Vila Franca in Richtung Furnas, biegen links ab auf die ER4 in Richtung Achada das Furnas und Golfplatz und fahren dann in die zweite Straße links (✋ nicht die erste, obwohl dort ein Hinweis zum Lagoa de Congro steht) in Richtung Caldeiras/Lombadas/Monte Escuro. Nach 550 m steht links ein einsames weiß getünchtes Gebäude. Hier parken Sie.)

Von Ihrem Parkplatz gehen Sie links in den Feldweg. Nach 320 m können Sie links einen Blick auf den tief unten liegenden See werfen. Nach 770 m geht links der Weg zum See ab.

Der breite Waldweg führt in Kehren hinunter und nach 1,5 km haben Sie das Seeufer zum ersten Mal erreicht. Genießen Sie die Einsamkeit des Lagoa do Congro.

Congro ist der größte Meeresfisch, der hier gegessen wird, und der See gehörte dem sehr reichen Andre Gonçalves Sampaio, der den Spitznamen „Congro" hatte. Als Kratersee ist der Lagoa do Congro eine Ausnahme, da er ein Maar

Lagoa do Congro

ist, eingebettet in eine flache Umgebung. (Ein Maar ist ein vulkanischer Krater, der durch eine Explosion von eindringendem Wasser in die Magma entstanden ist und sich durch wenig erhobene Ränder auszeichnet.) Er ist 16 m tief.

Wenn Sie sich sattgesehen haben, gehen Sie 150 m wieder zurück, biegen dann rechts ab und 🐾 machen einen kleinen Abstecher zu einer Wasserquelle und einem weiteren sehr schönen Blick über den See, den Sie 350 m weiter erreichen.

Wieder zurück auf dem Hauptweg queren Sie diesen und laufen schräg gegenüber in den schmalen Weg. Nach 2,4 km biegen Sie rechts ab und wandern nun noch 100 m geradeaus zu einer kleinen Aussichtsplattform, die allerdings durch hohe Bäume eingerahmt ist. Zurück am Abzweig biegen Sie nun links ab, nach 2,5 km wiederum links und 100 m weiter am Querweg erneut links.

Nach 2,8 km merken Sie sich den schmalen Pfad rechts hinauf, gehen aber erst einmal geradeaus und erreichen 100 m weiter eine von Bäumen überwachsene 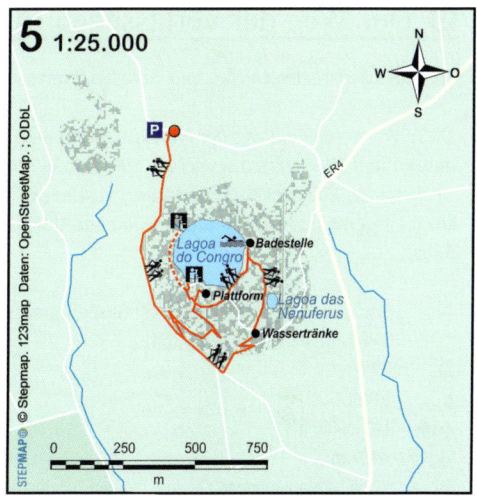 Badestelle.

Später laufen Sie die 100 m wieder zurück und biegen Sie nun nach links auf den schmalen Pfad ab, der Sie nach oben führt und nach 200 m breiter wird. Dort zweigt ein kleiner Weg zum komplett zugewachsenen Lagoa das Nenuferus ab (Seerosen).

Nach 3,3 km steht links eine Wassertränke. 100 m weiter halten Sie sich geradeaus und biegen nicht links ab. Nach 3,5 km führt der Weg halb links auf ein Feld und nach 3,6 km haben Sie einen Feldweg erreicht, der Sie wieder zurück zum Ziel bringt.

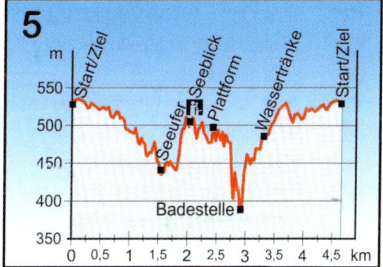

❻ Der Weg der verlassenen Mühlen ✕ ⚲ WC ≈

Tour für Landschaftsgenießer und Atlantikschwimmer ╫╫╫ ╫╫╫ ╫╫╫ ✕✕ ✕✕ ✕✕ ✕✕

Diese Wanderung entlang der Nordküste führt an kleinen Feldern, alten Wassermühlen und Wasserfällen vorbei bis zu einem einsamen Strand. Bei den ständig wechselnden Küstenblicken mit Meeresrauschen kommt auch beim Zurücklaufen keine Langeweile auf. Und warum nicht zum Abschluss ein leckeres Fischessen in Maia?

⇄	Start/Ziel: Parkplatz in Maia an der Straße Travessa da Santa Catarina, GPS N 37°49.957' W 025°23.212'
➲	5,4 km
⧖	2 Std.
↑ ↓	440 m/440 m
⇧	1-107 m
✎	rot-gelbe Markierungen auf dem größten Teil des Weges, PR27SMI
⚲	kleine Bar am Hafen nahe dem Start/Ziel (🍶 unregelmäßig)
⚲	Sitzplätze bei km 0,61 und km 0,9
WC	Toiletten am Anfang/Ende des Weges
≈	Praia da Viola (km 2,8)
╫╫	Kinder können am Strand spielen und baden (✋ manchmal starke Brandung!).
🚼	Mit Buggy ist der Weg nicht machbar.
🐕	Hunde können frei laufen.
🅿	Parkplatz am Start/Ziel (Im Ort Maia halten Sie sich immer an die Beschilderung Richtung Hafen (Porto). Direkt vor der kleinen Hafenbucht biegen Sie nach rechts oben ab und finden 90 m weiter den öffentlichen Parkplatz.)

Vom Parkplatz gehen Sie die 90 m wieder zurück, biegen hinter der Wandertafel rechts ab und laufen oberhalb der Hafenbucht nach Osten. ⚲ Eine kleine Bar finden Sie im Hafengebäude (🍶 unregelmäßig geöffnet). Große Fotografien illustrieren im ersten Teil des Weges das frühere Leben der Einheimischen.

Sie gehen den markierten Weg oberhalb des Meeres entlang und erreichen nach 610 m einen Aussichtspunkt mit ⚲ Picknicktischen. 30 m weiter steht die wiederaufgebaute Brunnenanlage, an der früher die Frauen gewaschen haben.

Nach 820 m können Sie einen kleinen ↬ Abstecher zur Küste machen, gleich danach beginnt der kurze Aufstieg zu einem weiteren ⚲ Picknickplatz. Kurz vor-

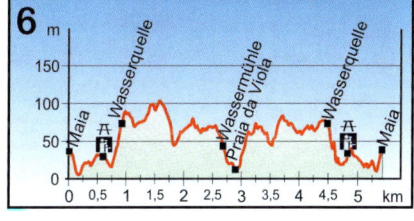

her kommen Sie an der Quelle Agua da Fonte Santa (Wasser der heiligen Quelle) vorbei, erfrischen Sie sich!

Hinter dem Picknickplatz treffen Sie auf einen Querweg, auf dem Sie sich nach links wenden. Nun wandern Sie auf einem alten Verbindungspfad und lassen die Blicke über die kleinen Felder, die Küstenlinie und das Meer schweifen. Sie gehen über eine alte Steinbrücke und kommen schließlich zu den ersten Häusern, die teilweise als Ferienhäuser wiederaufgebaut wurden.

✋   Nach 2,3 km folgen Sie bitte nicht den Markierungen nach links, sondern bleiben auf dem Weg geradeaus. Hier kommen Sie auf dem Rückweg hinauf.

Nach 300 m treffen Sie auf eine Aussichtsplattform, ↰ von rechts kommt hier der Weg von Ribeira Funda (☞ unten). Sie halten sich links, geradeaus ist ein kleiner Wasserfall. Die folgenden Ruinen sind die Überreste alter Wassermühlen, deren Antriebsräder auf den Azoren nicht senkrecht verlaufen, sondern parallel unter dem Mühlstein in einem umgeleiteten Bach.

200 m weiter können Sie hinter einer Ruine noch einen Wasserfall erblicken, danach biegt der Weg nach links und nach 2,8 km ist der Strand Praia da Viola erreicht. ✍ Dieser 300 m breite Strand aus Steinen und Sand hat manchmal eine starke Brandung. Gönnen Sie sich hier eine Pause.

Aloe arborescens

Hinter einem markanten Felsen führt der Weg erneut an alten Wassermühlen nach oben. Nach 3,1 km treffen Sie auf den schon bekannten Weg, auf dem Sie nach rechts wieder zurück nach Maia gehen.

✗   Restaurant O Sagitário oberhalb der Kirche in der Rua de Santa Catarina,
        ☎ 918 784 094, ⃞ Mo-So 12:00-22:00

✍ ● Alternativer Einstieg ab Ribeira Funda:

Der Weg ist bis zum Abzweig am Bach als PRC35SMI markiert.
An der Kirche von Ribeira Funda biegen Sie nach links ab, die Straße geht in einen Erdweg über und 200 m weiter wenden Sie sich wieder nach links. Hinter einem

Feld führt der Fußweg nach rechts und fällt in Kehren ab. Nach 900 m kommen Sie zur ersten Ruine einer Wassermühle, 100 m weiter weist ein Schild nach links zum Praia da Viola und zum Bach, den Sie überqueren, um auf der anderen Seite den schmalen Weg zu nehmen, der nach oben führt. Auf dem Fahrweg wenden Sie sich nach rechts und erreichen einen  Aussichtspunkt mit Blick auf die Küste bis hin nach Maia. Von dort geht es auf einer kleinen Straße weiter gen Westen, bis Sie nach 3 km den Wanderweg nach Praia da Viola an den Wassermühlen erreicht haben.

Die Nordküste mit Maia

❼ Entdeckungen am See von Furnas 🍺 ⛩ ♱ ⊛

Tour für Naturliebhaber 🚶🚶🚶 🚶🚶🚶 👶 👶 🐕 🐕 🐕

Dies ist eine vielfältige Tour mit einem botanischen Garten, Wasserfällen, einem Spaziergang am Seeufer, einem Aussichtspunkt und heißen Quellen. Sie können eine Privatkapelle besichtigen, sich unter einem Wasserfall erfrischen und sehen, wo der traditionelle Fleischtopf gegart wird. Die Tour kann auch bequem auf zwei Tage aufgeteilt werden, indem Sie die Runde über den Pico do Ferro getrennt vom Parkplatz am Nordufer des Sees aus laufen.

↻	Start/Ziel: Parkplatz am Südufer des Lagoa das Furnas, GPS N 37°44.964' W 025°19.600'
➲	17,3 km
⧗	8 Std.
↑ ↓	1.400 m/1.400 m
⇧	254-565 m
✎	Holzschilder weisen den Weg im Jardim do Mato und einige gelb-rote Markierungen führen Sie vom Pico do Ferro hinunter.
✕	Café im Dokumentationszentrum am See (km 6,2)
⛩	Sitzbänke am Dokumentationszentrum (km 6,2) und an den Caldeiras (km 13,8)
👫	Für Kinder ist es eine spannende Tour mit Wasserfall und heißen Quellen. Sie kann leicht in zwei kürzere Wanderungen geteilt werden.
👶	Die breiten Wege im Garten und entlang des Seeufers sind für Buggys geeignet.
🐕	Hunde sollten nur auf den zwei Parkplätzen angeleint sein und können sonst frei laufen.
🚌	Busse fahren von der Avenida Dom Inf. Henrique in Ponta Delgada täglich um 9:00, zurück Mo-Fr um 16:30, Sa/So 17:30.
🅿	Parkplatz am Start/Ziel (rechts der Straße Vila Franca – Furnas kurz vor dem Ufer des Furnassees)

    Vom Parkplatz aus auf der anderen Straßenseite beginnt die Privatstraße, die nach 410 m unterhalb der Kapelle vorbeiführt, die Sie später noch besuchen können, und nach weiteren 120 m haben Sie den Eingang des Parks Jardim do Mato erreicht (⌁ Okt.-Mai 10:00-15:00, Juni-Sept. 10:00-17:00, € 3/Pers. ab 12 Jahren). Gehen Sie dort hinein und nach der Rezeption zunächst geradeaus, um nach 10 m rechts zum Vale dos Fetos abzubiegen, dem Baumfarntal. Wenn Sie

hier rechts auf den Boden schauen, können Sie im späten Frühling und im Frühsommer eine der beiden heimischen Orchideenarten beobachten, die Platanthera
micrantha. Diese Orchidee mit zahlreichen kleinen, gelben Blüten kann bis zu
50 cm hoch werden und liebt feuchte Gebiete.

   Nach 80 m auf diesem Weg biegen Sie links ab, im Folgenden noch zweimal
links, und schon sind Sie von den teilweise mehr als 20 m hohen Baumfarnen
umgeben.

Baumfarn

   Nach insgesamt 1,2 km biegen Sie rechts in den schmalen Pfad ab und wandern im Folgenden geradeaus weiter. Hinter den linker Hand liegenden, naturbelassenen Bänken biegen Sie rechts und nach weiteren 60 m links ab. Vor dem
Schild (Macieira), welches rechts den Weg zu einer Anpflanzung von einheimischen Äpfeln weist, biegen Sie links ab, kurz danach an einer weiteren Gabelung
ebenso. Es folgt eine bemooste Kamelienallee, die Sie dann geradeaus zurück
zum Weglein an der Rezeption führt. Von dort gehen Sie geradeaus weiter
in Richtung Kapelle und Salto do Rosal/Sequoia. ↳ Machen Sie am Schild

„Azinheira" einen (lohnenswerten) Abstecher zu einer beeindruckend gewachsenen, uralten Eiche (Quercus rotundifolia) und kommen Sie dann wieder auf den Hauptweg.

Wenn Ihnen die Kapelle Nossa Senhora das Vitórias nicht schon am Anfang von den Damen am Eingang aufgeschlossen und gezeigt wurde, so schauen Sie sich diese jetzt an.

1854 hatte der wohlhabende José do Canto in der Kirche ein Gelübde abgelegt, dass er, wenn seine damals schwer kranke Frau gesund werden würde, eine Kapelle zu Ehren der Nossa Senhora das Vitórias (der Siege) errichten würde. Seine Frau genas und 10 Jahre nach dem Gelübde gab er den Startschuss zum Bau der Kapelle, mit dem er einen französischen Architekten beauftragte. Sie wurde dann am 15.8.1887 geweiht.

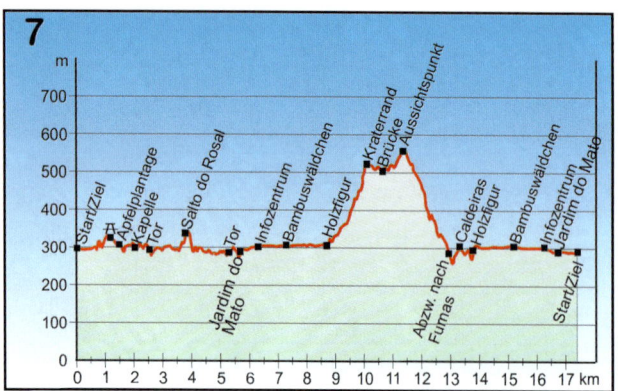

Hinter der Kirche geht es auf dem Hauptweg geradeaus weiter und nach 2,3 km passieren Sie ein Tor. An der nächsten Weggabelung geht es rechts ab. Das Gelände wird offener und Sie gehen links an einer Weide vorbei. Hinter der Weide halten Sie sich an der Gabelung wieder rechts und gleich darauf links. Es geht weiter geradeaus, der Weg wird wieder schmaler. Nach 3,3 km liegt rechts eine rosafarbene Ruine. Hier wohnten einst die Erbauer der Kapelle.

Kurz darauf treffen Sie rechter Hand auf den größten azorischen Mammutbaum, Sequioa, der ca. 155 Jahre alt ist. Versuchen Sie mal, ihn zu umfassen!

Nach weiteren 400 m kommen Sie dann zum Wasserfall Salto do Rosais, an den Sie über die manchmal feuchten Steine auch vorsichtig direkt herantreten und so auch ein kühles Bad nehmen können.

Zurück geht es bis zur Kapelle auf demselben Weg, laufen Sie nun aber vor der Kapelle geradeaus weiter auf der grasbewachsenen Allee direkt zum Ausgang.

Dort wenden Sie sich nach links und kommen nach 6 km zur Einfahrt des Informationszentrums über das Aufforstungsprojekt zur Rettung des Sees (WC 🍽 🐾). ☺ Kurz hinter dem Zentrum

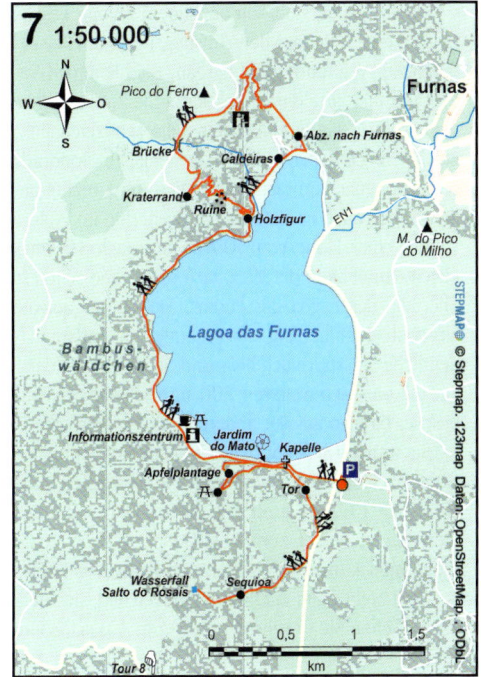

können Sie große Baumschaukeln entdecken und auch die größte Araukarie ist in der Nähe.

ℹ️   Informationszentrum, ✉️ pnsmiguel.cmif@azores.gov.pt, 📱 16.9.-14.5. Di-So 9:30-16:30, 15.5.-15.9. Mo-So 10-18:00

Danach folgen Sie immer dem Weg am Seeufer. Nach 7 km passieren Sie ein Bambuswäldchen, danach wandern Sie entlang der Cryptomeria japonica.

Die Japanischen Sicheltannen wurden im 19. Jh. auf den Azoren eingeführt, wachsen sehr schnell, haben ein weiches Holz und werden nach 25-35 Jahren gefällt. Es ist ein beliebtes Nutzholz.

Nach 8,6 km steht ein aus einem Stamm geschnitzter Wanderer am Wegesrand, dieser weist auf den Aufstiegsweg zum Aussichtspunkt Pico do Ferro. Der deutliche Weg führt stetig bergan. Bald kommen Sie auf eine kleine Lichtung mit Seeblick und kurz darauf passieren Sie zwei alte gemauerte Pfosten, die den Eingang zum Gelände einer alten Villa kennzeichnen, deren Ruinen Sie auch bald erreichen. Dort hat früher der ehemalige Honorarkonsul der Engländer, Hayes, seine Sommer verbracht. Der Weg führt rechts an der Villa vorbei und steigt, inzwischen auch in Naturstufen, weiterhin im Wald an.

Auf einer Höhe von 500 m und nach 10 km kommen Sie aus dem Wald, gleich darauf biegt der Weg nach rechts und schon stehen Sie auf dem Kraterrand oberhalb des Lagoa das Furnas. Sie bleiben auf dieser Höhe und wandern gen Nordosten, immer auf einer deutlichen Trittspur. Nach 250 m führt dann die deutliche Trittspur nach links und Sie gehen auf der Hochebene auf eine Fahrspur zu, die Sie nach weiteren 200 m erreichen. Genau dort steht eine kleine Holzbrücke, da man auf der anderen Seite endemische Pflanzen aufforstet.

Sie wenden sich vor der Brücke auf der Fahrspur nach rechts, überqueren bald einen Bach auf einer Betonbrücke und behalten auch danach die Wanderrichtung bei. Nach 11,2 km erreichen Sie ein Gatter, an dem Sie vorbeigehen, und dann die Auffahrt hinauf zum Aussichtspunkt Pico do Ferro mit seinem großartigen Rundumblick über den Krater vom Lagoa das Furnas.

Dort steht dann auch ein Wanderschild, das den kommenden Teil des Weges zeigt. Gehen Sie in Fahrtrichtung vom Aussichtspunkt ein kleines Stück hinunter,

Lagoa das Furnas

wobei Sie in der ersten Linkskurve rechts auf den beschilderten Waldweg abbiegen. Ab hier ist der Weg gekennzeichnet. Dort, wo der Waldweg auf eine Wiese trifft, biegen Sie rechts ab und laufen am rechten Rand der Wiese entlang. Nach 60 m biegen Sie wiederum scharf rechts ab und folgen einer Wegspur, die teilweise recht steil hinabführt und nach Regenfällen matschig sein kann. An einigen Stellen blinkt rechts der See durch.

Nach 12,9 km zweigt links ein Weg nach unten ab. ↶ Dieser führt immer geradeaus in das Dorf von Furnas.

Sie gehen geradeaus weiter, kurz danach biegt der deutliche Weg nach rechts um und dann erreichen Sie die Straße am Seeufer. Hier geht es nochmals nach rechts und schon kommen Sie nach 13,2 km zu den heißen Quellen (Caldeiras) am Seeufer.

Caldeiras vom Furnassee

Caldeiras werden auf den Azoren nicht nur die Einsturzkrater genannt, sondern auch die heißen Quellen.

Nachdem Sie sich die Quellen angeschaut haben, folgen Sie weiter dem breiten Weg am Seeufer. Nach 13,5 km überqueren Sie einen Fluss auf bequemen Trittsteinen und kommen 150 m weiter wieder am hölzernen Wandersmann vorbei. Nach 16 km sind Sie erneut bei der Ausstellung und weiter geradeaus nach 17,3 km am Parkplatz angekommen.

❽ Handelsweg an der Steilküste

Tour für Landschaftsgenießer

Diese Wanderung führt Sie von der Inselrundstraße hinunter zur Südküste und im weiteren Verlauf bis zum Strand des Fischerortes Ribeira Quente, in dem Sie auch einkehren können. 🖐 *Dieser alte Verbindungsweg oberhalb der Steilküste ist als offizieller Wanderweg gesperrt, da er an verschiedenen Stellen 2014 abgerutscht ist und nur Schwindelfreie dort noch vorbeikommen. Er war 2016 passierbar. Starten Sie jedoch nicht in Ponta Garça, wo der Weg früher anfing, sondern an der EN1 in Gaiteira, denn von Ponta Garça aus ist er noch schwieriger!*

➔   Start: Gaiteira an der EN1 zwischen Vila Franca und Furnas, wo die Nebenstraße
       nach Ponta Garça abgeht, GPS N 37°44.206' W 025°20.487';
       Ziel: Parkplatz vom Strand Praia do Fogo in Ribeira Quente,
       GPS N 37°43.794' W 025°18.483'

➲   6,3 km

⧖   3 Std. 30 Min.

↑ ↓   375 m/764 m

⇧   7-435 m

✎   verblasste Markierungen am Wegesrand

✕   Restaurants und Bars am Ende in Ribeira Quente

〰   Sie können am Ende im Meer baden.

👪   nur für trittfeste und schwindelfreie Kinder geeignet, 🖐 Vorsicht am Verbindungsweg
       oberhalb der Steilküste

🛺   für Buggys zu schmal

🐕   Nur Hunde, die Klippen gewöhnt sind, sollten bei dieser Tour mitgenommen werden.

🚗   Nach der Wanderung fahren Sie am besten mit dem Taxi zurück zum Ausgangs-
       punkt.

🅿   Parkmöglichkeiten direkt am Start und am Ziel (Sie fahren auf der Inselrundstraße
       EN1 von Vila Franca in Richtung Furnas, an drei Abzweigungen nach Ponta Garça
       vorbei. Achten Sie dort, wo Sie den höchsten Punkt der Straße überwunden haben
       und diese bereits wieder abfällt, in einer Linkskurve auf einen weiteren, sehr steil
       nach unten führenden Abzweig rechts nach Ponta Garça. Hier können Sie parken.)

    Vom Startpunkt gehen Sie die schmale Nebenstraße hinunter. Nach 660 m
zweigt links ein breiter Feldweg ab, diesen nehmen Sie. 220 m weiter bleiben Sie

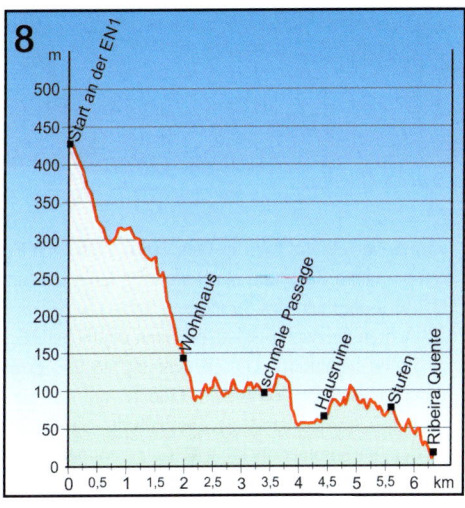

auf dem deutlichen Feldweg geradeaus und biegen nicht rechts auf eine Wiese ab. Nach 2 km steht linker Hand ein Wohnhaus und Sie haben einen schönen Blick auf die Küste mit dem Straßendorf Ponta Garça und seinem Leuchtturm. 130 m weiter halten Sie sich weiter geradeaus. Hier zweigt rechts ein sehr schmaler und an mehreren Stellen verschütteter Weg ab, der entlang der Küste nach Ponta Garça führt. Nehmen Sie diesen auf keinen Fall, denn er ist unpassierbar.

Sie gehen geradeaus auf dem breiten Weg weiter, der nach 2,4 km schmaler wird und im Folgenden oberhalb der Steilküste verläuft. Eine weitere sehr schmale Stelle kam 2016 nach 4 km. 400 m weiter kommen Sie an einer Hausruine

Ribeira Quente

vorbei. Verschüttet war der Weg 2016 auch nach 5,2 km. Nach 5,6 km überqueren Sie einen Bach und ein Stufenweg fängt an. Sie kommen bald zu den ersten
Häusern oberhalb des Strandes.

Achten Sie nach 6,1 km auf einen deutlichen Weg, der rechts abgeht und bald
in Stufen hinabführt. Diesen nehmen Sie und erreichen 50 m weiter die Orts-
durchgangsstraße von Ribeira Quente, auf der Sie weiter geradeaus laufen und
nach 6,3 km den Parkplatz oberhalb des Sandstrandes Praia do Fogo erreichen,
an dem im Sommer auch ein ☕ Café geöffnet ist (📅 1.7.-31.10., 11:00-24:00).
Das ✕ Restaurant O Costanheiro (📅 Mo-So 12:00-24:00) liegt an der Uferstraße 150 m weiter.

❾ Verstecke vor Piraten und eine einsame Kapelle   ☕ ⛩

Tour für Landschaftsgenießer   👫👫👫 🐕 🐕

Diese Tour führt hinunter in einen Fischerort mit kleinem Hafen und dann im weiten Bogen wieder hinauf. Beide Strecken sind alte Verbindungspfade des Ortes. Sie kommen auch an den ehemaligen Verstecken vorbei, in denen sich die Bevölkerung vor den Piraten in Sicherheit gebracht hat.

⇆ Start/Ziel: scharfe Linkskurve an der Straße Furnas – Povoação,
    GPS N 37° 45.244' W 25° 17.297'

↻ 9,4 km

⏳ 2 Std. 30 Min.

↑↓ 585 m/585 m

⇧ 1-384 m

✎ Es gibt einzelne verblasste gelb-rote Markierungen.

✕ ⛩ Laden/Café am Hafen in Ribeira Quente (km 4)

👫 mit spannendem Hafenbesuch für Kinder geeignet

🚼 Für Buggys ist der Weg zu steil und zu schmal.

🐕 Der Weg verläuft im Schatten und ist gut für Hunde geeignet.

🚌 Die Linie Ponta Delgada – Povoação fährt täglich 1 x in Ponta Delgada ab und Mo-Fr um 16:00, Sa/So um 17:10 von Povoação zurück. Eine Bushaltestelle befindet sich schräg gegenüber vom Einstieg.

🅿 Parkbucht direkt am Start/Ziel (Sie fahren auf der ER1-1 von Furnas in Richtung Povoação. In einer scharfen Linkskurve sehen Sie rechts eine Parkbucht und einen abzweigenden Weg. Dort parken Sie. Wenige Meter weiter oben links sehen Sie das weiße Gebäude einer typisch azorischen Bushaltestelle.)

Sie gehen in den Waldweg hinein und halten sich auf diesem geradeaus. Auch dort, wo Sie nach 300 m aus dem Wald herauskommen, laufen Sie geradeaus weiter, bis Sie vor einer Wiese stehen. Vor dieser wenden Sie sich nach rechts, linker Hand liegt hier der markante Hügel Bodes. Sie verlassen bald den Wiesenrand und kommen wieder halb rechts in einen Wald auf einen schmalen Weg, der nach 2,2 km im rechten Winkel nach links abknickt und im Folgenden am Wiesenrand entlangführt. Nach 2,6 km sehen Sie erneut halb rechts einen schmalen Weg in den Wald gehen. Diesen nehmen Sie.

Er fällt leicht ab und nach 400 m führt der deutliche Weg geradeaus auf ein Feld, meist versperrt mit einem Gatter. Kurz vorher biegt nach links ein kleiner Weg ab, den Sie nehmen. Im Folgenden ist er an einigen Stellen abgerutscht und nicht immer deutlich zu sehen. Halten Sie sich an die erkennbare Trittspur im Gras.

Unten angekommen queren Sie mehrfach einen Bachlauf. In dessen Schlucht und in denen der kleinen Seitenarme haben sich früher die Einwohner vor den recht häufigen Piratenüberfällen versteckt.

Nach 3,9 km haben Sie die ersten Häuser des Fischerdorfes Ribeira Quente erreicht. Der Ort ist nach dem warmen Fluss benannt, der von den heißen Quellen in Furnas gespeist wird und nun rechts von Ihnen verläuft. 100 m weiter geradeaus finden Sie ein Café mit einem kleinen Laden (🚪 Mo-Sa 8:00-18:30, So 9:00-12:30). Dort können Sie sich erfrischen.

Wenn Sie rechts über die Brücke und dann links gehen, können Sie sich den Fischerhafen ansehen. Die Fischer lassen sich gerne über die Schulter schauen.

Wieder zurück auf der anderen Seite der Brücke laufen Sie nun geradeaus weiter hinauf und biegen oben rechts ab. Der Weg wird wieder schmaler und zu einem Naturpfad. Nach 4,4 km geht es ebenfalls geradeaus weiter und Sie sehen schon die 100 m entfernte kleine Kapelle von Santa Rita hoch über der Küste. Der deutliche Weg verläuft immer geradeaus.

Hinein in den azoreanischen Dschungel

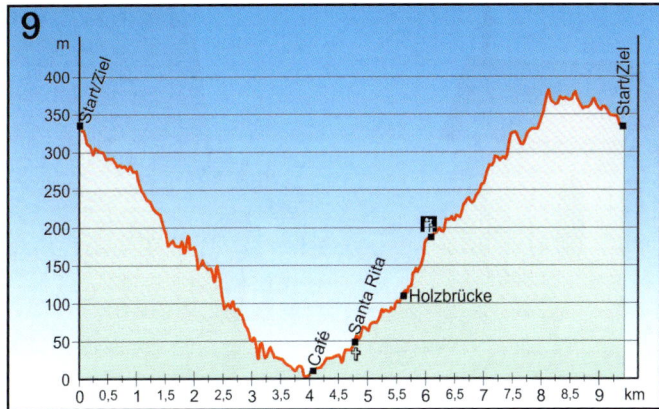

✋ Nach 5,6 km führt der Weg auf ein Tor zu, dieses passieren Sie nicht. Direkt davor führt ein schmaler Weg rechts hinunter auf eine Holzbrücke, dort gehen Sie hinüber und sehen auf der anderen Seite schon die Fortsetzung des Weges. Sie wandern in einer schmalen Schlucht nach oben und kommen nach 6 km auf einen Querweg, der nach links zu einem geschlossenen Tor führt. Hier biegen Sie rechts ab und haben nach weiteren 50 m einen schönen Blick die Küste entlang nach Osten bis hin nach Povoação.

Kapelle Santa Rita

Nach links parallel zur Küste verlaufend sehen Sie einen breiten Forstweg zu einem Tor führen – hier gehen Sie nicht weiter. Scharf nach links hinten führt der Forstweg zurück und von der Küste weg. Diesen Weg nehmen Sie und steigen stetig auf. Kleine Abzweige links und rechts ignorieren Sie und biegen mit der Forststraße nach 6,3 km nach rechts und 100 m weiter wieder nach links ab. Es folgt 600 m weiter und auf einer Höhe von 275 m eine weitere Rechts-Links-Kurvenkombination. 400 m weiter in einer Höhe von 330 m bleiben Sie rechts auf dem deutlichen Forstweg und erreichen nach 8,6 km die Straße ER1-1, auf der Sie sich nach links wenden. So kommen Sie am Buswartehaus vorbei und nach 9,4 km wieder zum Ausgangspunkt und Parkplatz zurück.

⑩ Blütenmeer mit Meeresrauschen 🍺 WC ⛲ 🏊

Tour für Landschaftsgenießer und Strandfans   👪 👪 👪 🚶 🚶 🐐 🐐

Diese Wanderung an der Ostküste führt hinunter in ein Sommerdorf, dessen kleine Häuser von einer üppigen Blütenpracht umgeben sind. Weiter geht es dann zu einem einsamen Sandstrand unter einer beeindruckenden Steilküste. Bei den fantastischen Ausblicken läuft man den Weg auch gerne zurück.

⇄	Start/Ziel: Kirche von Pedreira, GPS N 37°48.417' W 025°08.489'
⮑	6,3 km
⏳	2 Std. 30 Min.
↑↓	585 m/585 m
⇧	0-200 m
🖉	einzelne verblasste Markierungen
✕ ⛲	Laden/Café an der Kirche am Start/Ziel
WC	Toiletten am Strand
🏊	Strand von Lombo Gordo (km 3)
👪	Gut geeignet für Kinder, da die Tour abwechslungsreich ist und eine Bademöglichkeit bietet.
🚶	Mit Buggy ist der Weg bis zu den ersten Häusern der Fajã do Araújo machbar, danach kommen Stufen.

Ostküste mit Fajã do Araújo

🐕   Der Weg ist für Hunde geeignet, nehmen Sie aber Süßwasser für den Strandaufenthalt mit.

🅿   Parkmöglichkeit direkt an der Kirche beim Start/Ziel

Sie starten an der Kirche von Pedreira (☕ 🪑, 🚪 Mo-Sa 8:00-18:30, So 9:00-12:30), laufen rechts an ihr vorbei in südliche Richtung und treffen nach 180 m auf eine Querstraße. Genau gegenüber beginnt der Fußweg. Zunächst verläuft er flach oberhalb einer Wiese, dann beginnt nach 310 m der Abstiegsweg geradeaus, rechts geht es hier auf eine weitere Wiese.

Der deutliche Weg führt in einigen Kehren hinab und macht dann eine lange Linkskurve, die kleinen Abzweige links und rechts beachten Sie nicht.

Nach 980 m gehen Sie auf Felsbrocken über einen meist ausgetrockneten Bachlauf, kurz danach biegen Sie rechts um, sind wieder oberhalb der Küste und können auch die ersten Häuser sehen. Nach 1,5 km war der Weg an einer kleinen Stelle 2015 abgerutscht, aber gut zu gehen und gesichert.

Genießen Sie die prächtigen Gärten und die Blütenpracht in der Fajã do Araújo. In diesem kleinen Weiler dürfen wegen der Gefahr eines Hangrutsches keine Menschen mehr wohnen, es wird aber vom Gemüse bis hin zum Wein vieles zur Eigenversorgung angebaut und immer mehr einst verlassene Häuser werden als Ferienhäuser in den buntesten Farben genutzt.

Agapanthus

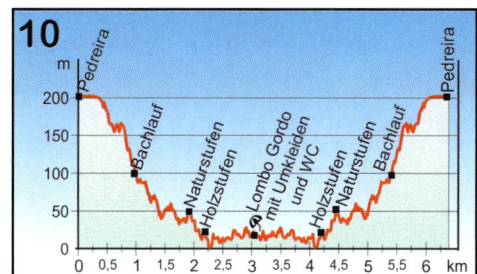

Hier sehen Sie sehr häufig eine gelb oder weiß blühende, großblättrige Pflanze (Pericalis malviflora), die von den Einheimischen auch wilde Feige genannt wird und auf den Azoren endemisch ist.

Nach 1,9 km kommen Sie auf einen Parkplatz, am gegenüberliegenden Ende sehen Sie den schmalen Weg in wenigen Stufen hinunterführen. Dort unten stehen noch kleine Fischerhäuser.

Das hier meist trockene Bachbett wird auf einer Holzbrücke überquert und lässt Sie den Weg fortsetzen, nun ohne Häuser in freier Natur. Das Meeresrauschen wird immer lauter. Sie bleiben auf dem deutlichen Weg oberhalb der steinigen Küste, kommen so nach 3 km an den Anfang des Strandes Lombo Gordo und sehen weitere 200 m entfernt die Umkleiden und Toiletten.

Genießen Sie den Strand in dieser fantastischen Umgebung und kehren Sie dann später auf demselben Weg wieder zum Ausgangspunkt zurück.

✍ Die Treppen, die Sie am Anfang des Strandes sehen, führen zu einem kleinen Parkplatz und später zur Hauptstraße und zum Aussichtspunkt Ponta da Madrugada (2 km, ↑ 280 m auf Asphalt). Aber die Autorin empfiehlt den Rückweg über die schöne Fajã de Araújo.

Santa Maria

Der Nordosten

Diese kleine Insel im Südosten des Archipels wird sehr häufig als Badeinsel tituliert. Sie ist die sonnigste Azoreninsel mit feinsandigen Stränden und schönen Meeresbecken, weswegen sie als Wanderinsel eher verkannt wird. Doch gerade hier haben die Inselbehörden in den letzten Jahren viel für das Netz der Wanderwege getan, es wurden alte Wege reaktiviert und markiert und es entstand die erste offizielle Umrundung einer Azoreninsel: In 4 Etappen und 78 km können Sie die Insel zu Fuß komplett umwandern. Allerdings muss man auch einige Straßenkilometer hinnehmen.

Besonders ist auf der Insel auch die Siedlungsform. Die Dörfer verteilen sich über die ganze Insel und nicht nur entlang der Küstenlinie. Jedes Dorf hat seine eigene Farbe und fast alle Dorfbewohner halten sich an das ungeschriebene Gesetz, die Tür- und Fensterumrandungen in der Dorffarbe zu streichen.

Santa Maria wirkt aufgeräumt und sauber, es hat eine idyllische Landschaft. Die ganze Beschaulichkeit ist allerdings dahin, wenn die Insel im August zu feiern beginnt: erst die Autorallye, dann Mariä Himmelfahrt am 15.8. und danach das größte Musikfestival der Azoren, Maré de Agosto. Dann ist auf der Insel kein freies Bett mehr zu haben.

Ruhe war Santa Maria nicht immer beschert, schon gar nicht den ersten Siedlern, die sich in der ersten Hälfte des 15. Jh. auf der Insel niederließen. Seeräuber und Piraten fühlten sich auch von der Insel angezogen und versetzten die Bewohner so sehr in Angst und Schrecken, dass diese auch Christopher Kolumbus zunächst als Piraten verkannten und festnahmen. Die Route der Korsaren (☞ Tour 14), die vielen Festungen und Hinweistafeln lassen diese Zeit heute wieder aufleben.

Santa Maria ist mit 97 km² die drittkleinste Insel der Azoren und hat nur 5.500 Einwohner. Die Infrastruktur ist deshalb auch spärlicher als auf der großen Nachbarinsel.

🛥️ 🚢 Von Lissabon aus können Sie Santa Maria 2 x wöchentlich direkt anfliegen, von São Miguel aus täglich bis zu 2 x. Ein Schiff der Firma Atlanticoline fährt in den Sommermonaten von São Miguel aus mehrfach in der Woche zur Nachbarinsel.

🛏️ In und um Vila do Porto gibt es die einzigen Hotels und Pensionen der Insel, außerhalb können Sie in idyllischen Ferienhäusern wohnen, zum größten Teil hergerichtete kleine Familienhäuser mit Garten und Grill.

⛺ Einen Campingplatz gibt es in Praia Formosa (9580-030 Vila Porto, ☎ + 351 296 883 959, 🖥️ http://cm-viladoporto.pt/SITE/sdmsa/pcampismo.php).

Wanderinsel Santa Maria

✕ Es gibt in fast jedem Dorf eine Bar, aber oft nur mit einem sehr einschränkten Angebot von Kaffee, Bier und Wasser. Restaurants außerhalb der Hauptstadt Vila do Porto sind in Anjos (☞ Tour 11), Praia (☞ Tour 14), Maia und Santo Espirito zu finden, wobei Sie nicht davon ausgehen sollten, dass Sie nach 19:00 auf dem Land noch etwas zu essen bekommen. In Vila do Porto gibt man sich städtischer und serviert auch noch später, der einzige Pub ist bis in den Morgen geöffnet.

🛒 Decken Sie sich mit Lebensmitteln am besten gleich bei der Ankunft in Vila do Porto ein, wo es mehrere Super-und Minimärkte und sogar einen sehr modernen Gemüsemarkt (mit kleiner Auswahl) gibt. Falls Ihnen unterwegs mal das Brot ausgeht, sollten Sie in Espirito Santo die wirklich sehenswerte Kunsthandwerkskooperative besuchen, wo die Damen auch Brot und Kuchen backen (Cooperativa de Artesenato, 🕐 Mo-Fr 9:00-12:00 und 14:00-17:00, Sa 9:00-12:00).

🚌 Von Vila do Porto aus gibt es zwei Verbindungen nach Malbusca im Süden, einmal über den Norden und Santo Espirito und einmal direkt über Almagreira. Einmal täglich hin und zurück verbindet der Bus Santo Antonio und auch Santa Barbara mit Vila do Porto. Von Praia über Vila do Porto zum Flughafen geht es gar 4 x hin und her. Die Firma TSM (🖥 www.transportesdesantamaria.com) hält die neuesten Fahrpläne für Sie in der Rua Teófilo Braga, 55 in Vila do Porto bereit.

⑪ Vom Tonabbau bis in die Kolumbusbucht

✕ ≋ 🏠 ✝

Tour für Landschaftsgenießer und Kulturinteressierte   🚶🚶🚶 🐾🐾🐾

Diese Tour führt Sie zunächst durch einen schattigen Wald, dann erleben Sie die rote Wüste der Tonerde, durchwandern Wiesen und Weiden und kommen schließlich zum riesigen Kolumbusdenkmal im kleinen Küstenort Anjos mit einer schönen Badebucht und einem guten Restaurant – ein wohlverdienter Abschluss einer spannenden Wanderung.

☺   *Die ersten 900 m sind identisch mit Tour 12, mit der diese Wanderung auch gut zu kombinieren ist.*

→ | Start: Wandertafel an der ER2 in Bananeiras/Chão do João Tomé, GPS N 36°59.856' W 025°06.494'; Ziel: Anjos, GPS N 37°00.293' W 025°09.413'
↻ | 6,6 km
⧗ | 2 Std. 30 Min.
↑↓ | 320 m/520 m
⇧ | 19-232 m
✎ | rot-gelbe Markierungen, im letzten Drittel nicht immer eindeutig
✕ | Restaurant am Ziel in Anjos
≋ | Badebucht am Ziel in Anjos
🚶 | Die Tour ist für Kinder gut geeignet, sie ist nicht schwierig und abwechslungsreich.
🚼 | für Buggys zu schmal und unwegsam
🐕 | Hunde können frei laufen, es gibt einige Wasserläufe.
🚌🚗 | Linie 01, Haltestelle Bananeiras, 2-3 x täglich. Zurück geht es nur mit dem Taxi.
🅿 | Parkmöglichkeit an der Wandertafel 20 m vor dem Start

Sie biegen auf dem deutlich gekennzeichneten Weg von der Straße ab und folgen diesem, bis Sie nach 890 m den markierten Abzweig erreichen. ↳ Geradeaus geht es zur Baía do Raposo (☞ Tour 12) und links in den Wald nach Anjos. Sie kommen nun in einen dichten Wald und der Weg wird schmaler und gewundener. Nach 1,1 km biegen Sie rechts ab. Es folgt gleich ein meist trockenes Bachbett. 200 m weiter geht es nach einem weiteren Bachbett halb rechts nach oben. Der dichte Wald bildet einen Naturtunnel und Farne wachsen zu beiden Seiten.

Blick auf Wiesenkuppel mit Walausguck

Nach 1,8 km wird die Erde rötlich, der Wald öffnet sich und Sie kommen zu der roten Wüste des ehemaligen Tonabbaugebiets, zur Barreiro da Faneca. Hier halten Sie sich links am Waldrand und laufen zunächst auf eine Infotafel zu. An der Tafel über den Tonabbau sind die Markierungen undeutlich, Sie biegen hier nicht wie markiert links ab, sondern gehen geradeaus weiter und halten sich immer am Waldrand.

Hier wurde früher Ton abgebaut und entweder auf der Insel selbst verarbeitet oder nach São Miguel zu den beiden großen Töpfereien geschickt. Es wurden Töpferwaren und Dachziegel hergestellt.

In der Folge gehen Sie am Waldrand einmal um das kahle Abbaugebiet herum. Nach 200 m können Sie am entgegengesetzten Waldrand den Einschnitt des Weiterweges sehen. Auf der anderen Seite angekommen biegen Sie nicht nach 2,4 km in den ersten Weg links, sondern in den folgenden zweiten breiten Feldweg nach links ab. Sie laufen nun immer geradeaus, kurzzeitig über Schotterstraße, an der rechts auch ein Wohnhaus liegt.

Nach 2,9 km biegen Sie vor zwei kleinen Gebäuden rechts ab und gehen durch ein Gatter. Auch hier folgt bald ein ehemaliges Tonabbaugebiet. Oft weiden auch Kühe im Gestrüpp. Sie wandern immer geradeaus weiter und beachten kleine Wege links und rechts nicht.

Nach 3,7 km steht rechts ein altes Gebäude und Sie haben eine tolle Aussicht auf die Bucht Baía da Cré. Auch hier geht es immer geradeaus weiter. 🖐 Nach 4,4 km haben Sie Gelegenheit, nach rechts zu dem alten Walausguck auf der Kuppel der Wiese hinaufzusteigen – wer weiß, vielleicht sehen Sie ja einen dieser Meeressäuger?

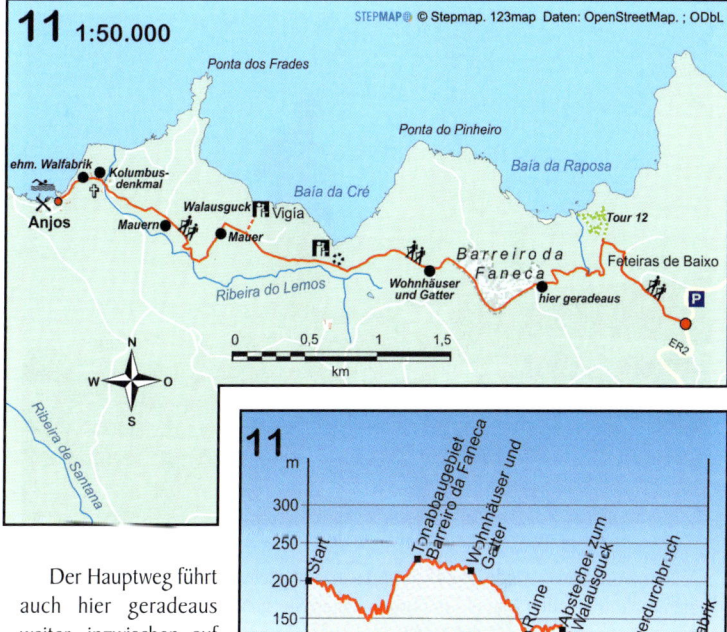

Der Hauptweg führt auch hier geradeaus weiter, inzwischen auf Weidegelände mit alten Steinmauern. Ab hier ist die Markierung etwas unübersichtlich.

100 m weiter biegen Sie am Ende der Wiese nach links ab und laufen auf einen Mauerdurchlass zu, durch den Sie nach links gehen. Der Weg führt am rechten Rand der Wiese weiter hinab. Sie steuern auf einen 200 m weiter unten stehenden Markierungspfosten zu und sehen von dort ein Doppelgatter, durch das Sie schreiten.

Die Trittspur verläuft nun am rechten Wiesenrand weiter, es folgt nochmals ein Doppelgatter, dann steigen Sie zu einem Bachbett ab. Auf der anderen Seite halten Sie sich links und kommen so zu einem weiteren Bachbett. Bei km 5,3 biegen Sie links ab.

Mauerüberschreitung mit Steinstufen

Nun ist der Weg wieder deutlich und wird von kleinen Mauern begrenzt, nach einem bald folgenden Mauerdurchbruch halten Sie sich rechts. Nach 5,6 km führen einige Steinstufen auf die Mauer und auf der anderen Seite wieder hinunter. Vor einer weiteren Mauer geht es rechts ab, bleiben Sie dann immer auf der Trittspur in der Wiese. Sie können bereits die ersten Häuser von Anjos sehen. Nach 6 km kommen Sie an eine kleine Brücke, über die Sie gehen, und erreichen dann einen Platz mit einer überdimensionalen Statue von Christopher Kolumbus, der einmal nicht auf das Meer blickt, sondern auf die kleine Kapelle Nossa Senhora dos Anjos.

Hinter der Statue wenden Sie sich auf der Straße nach links und kommen so am Ende der Straße zum rechts liegenden Restaurant Bar dos Anjos (☎ +351 296 886 734, 🚪 Mo-Sa 10:00-24:00) direkt an der 🌊 Badebucht.

⓬ Baía do Raposo: Felsloch zum Strand

Tour für Landschaftsgenießer und Meerliebhaber

Dieser Fischerweg führt auf teilweise sehr schmalem Pfad hinab in die Baía do Rapaoso, wo Sie durch ein Felsloch kletternd zu einem kleinen Steinstrand kommen und bei ruhiger See ein Bad nehmen können. Die Kurzwanderung bietet Meeresrauschen und tolle Ausblicke, setzt Trittsicherheit und eine gewisse Schwindelfreiheit voraus, führt bis auf wenige Meter über Naturwege und lässt sich bequem mit der ☞ Wanderung 11 kombinieren.

↻⇆	Start/Ziel: Wandertafel an der ER2 in Bananeiras, GPS N 36° 59.855' W 025° 06.490'
⤴	4 km
⧗	1 Std. 45 Min.
↑ ↓	370 m/370 m
⇧	1-204 m
✎	gute gelb-rote Markierungen am Weg
≋	Sie können bei ruhiger See am Steinstrand baden (ca. km 1,9).

Markierung und kleiner Steinstrand

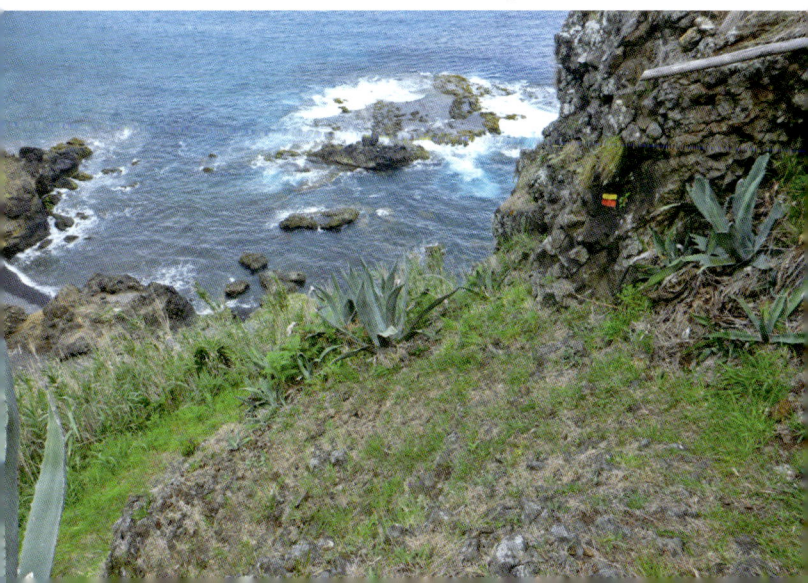

👫   Für größere Kinder, die trittsicher und schwindelfrei sind, ist der Weg geeignet.

🚯   für Buggys zu schmal und unwegsam

🐕   Hunde können frei laufen, Wasser muss aber mitgenommen werden.

🚌   Linie 01, Haltestelle Bananeiras, 2-3 x täglich

🅿   Parkmöglichkeit an der Wandertafel 20 m vor dem Start

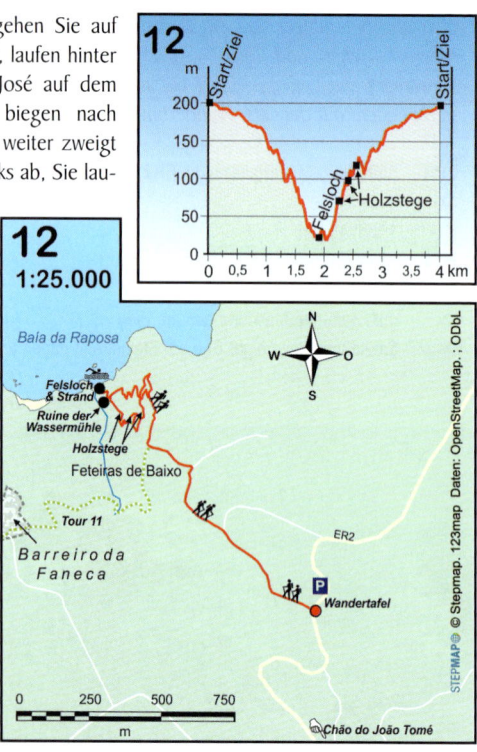

Von der Wandertafel gehen Sie auf der schmalen Straße hinab, laufen hinter dem Haus Casa de São José auf dem Feldweg geradeaus und biegen nach 780 m links ab. ✍ 30 m weiter zweigt die ☞ Wanderung 11 links ab, Sie laufen hier geradeaus weiter. Der deutliche Weg wird immer schmaler. Nach 1,3 km gehen Sie geradeaus, nun beginnt der eigentliche Abstieg in vielen Serpentinen. Unten angekommen treffen Sie auf die Ruine einer alten Wassermühle und wenden sich dort scharf nach rechts. So kommen Sie zu dem Felsen mit Loch in der Mitte – einfach hindurch und den kleinen Strand genießen!

Für den Rückweg nehmen Sie dieselbe Route oder laufen an der Ruine geradeaus. In dieser Laufrichtung sind auch die Markierungen angebracht. Sie überqueren einen Bach auf drei Holzstegen und erreichen nach 2,5 km wieder den Hauptweg. Auf diesem gelangen Sie rechts zurück zum Ausgangspunkt.

Auf dem Weg begleitet Sie, zeitweilig flächendeckend, der kleine Violette Natternkopf (Echium plantagineum).

⑬ Gipfelgenüsse und Heidelbeerbäume

Tour für Landschaftsgenießer   👪 👪   🐆 🐆 🐆

Der Pico Alto ist mit 587 m der höchste Punkt der Insel. Er ist von einem tiefen Wald umgeben, durch den dieser Weg immer schön schattig führt. Eine abwechslungsreiche Tour auf naturbelassenen Wegen mit vielen Ausblicken.

↻   Start/Ziel: Parkplatz unterhalb des Gipfels, GPS N 36°58,999' W 025°05,453'

➲   8,2 km

⧖   3 Std. 30 Min.

↑ ↓   761 m/761 m

⇧   320-587 m

✎   Der Weg ist 2015 gelb-rot markiert worden.

👪   Die Tour ist anstrengend und deshalb nur für größere Kinder geeignet.

🚲   für Buggys nicht geeignet, zu schmal und unwegsam

🐕   Hunde können frei laufen, Sie sollten aber Wasser mitnehmen.

🅿   Parkplatz am Start/Ziel

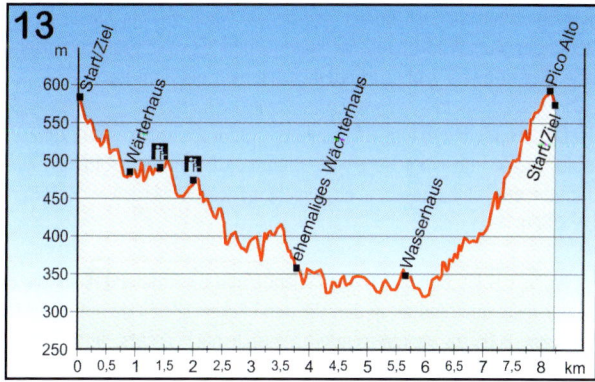

Vom Parkplatz unter dem Gipfel gehen Sie wenige Meter zurück zum Schild Trilhos BTT, an dem Sie schon vorbeigefahren sind. Der Wanderweg ist der aufgezeichnete äußere Rundweg.

Blick vom Pico Alto gen Norden

Hier biegen Sie auf den deutlichen Waldweg links ab und gehen nach 80 m geradeaus. Nach 230 m halten Sie sich auf dem leicht ansteigenden Weg, der auf die Krete (Grat) führt, rechts, links geht ein Mountainbiketrail ab. Auf dem Wanderweg halten Sie sich immer geradeaus. Nach 940 m passieren Sie ein rechts stehendes altes Wärterhaus. Sie laufen einen teilweise grasbewachsenen Weg entlang, der nun von großen Heidelbeerbäumen gesäumt ist.

Der Heidelbeerbaum (Vaccinium cylindraceum) gehört zum endemischen Wald. Er hat hübsche rosafarbene Blüten und Ende des Sommers dunkle Beeren, die von den Einheimischen eher nicht gegessen werden – Sie können sie aber genießen.

Nach 1,4 km öffnet sich das Gelände und Sie können 🏃 auf die Nordostspitze der Insel und hinüber in den Westen blicken, gleich darauf biegt der Weg nach links um. 100 m weiter wenden Sie sich nach rechts, links geht ein weiterer Mountainbiketrail ab. Nach 1,9 km führt der Weg nach links zu dem Gipfel 🏃 Pico da Faleira (⇧ 487 m), Sie haben eine sehr schöne Rundumsicht. Geradeaus geht dann später der eigentliche Weg weiter.

Zurück auf dem Hauptweg halten Sie sich geradeaus und biegen nach 2,3 km mit dem Weg nach links ab. Er macht nun einige Kehren.

Sie kommen nach 3,8 km an einem links liegenden, verfallenen Forsthaus vorbei, dessen Umgebung einen schönen Rastplatz bietet. An diesem Grundstück biegt der Weg nach links und trifft gleich darauf auf einen breiten Querweg, auf dem Sie sich links halten. 🖐 200 m weiter biegen Sie rechts in den schmaleren Weg ab, der leicht abfällt und sogleich an einem Bachlauf eine Rechtskurve macht. Es folgen mehrere kleine Bachläufe.

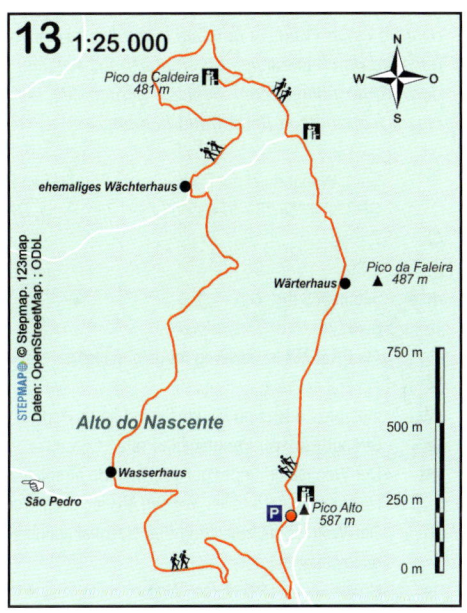

Sie bleiben immer auf diesem deutlichen Weg, nach 4,9 km einen Weg links ignorierend, bis nach 5,5 km ein Weg quert. Hier biegen Sie rechts ab. 100 m weiter öffnet sich das Gelände und Sie schauen auf die Gemeinde São Pedro und weiter nach Vila do Porto.

Gleich darauf steht linker Hand ein Wasserdepot und wenige Schritte weiter kommen Sie an einem Wohnhaus vorbei, an dem im rechten Winkel nach links ein Hohlweg abzweigt. Diesen nehmen Sie und beginnen damit den eigentlichen Aufstieg. Anfangs ist die alte Pflasterung noch zu erkennen.

Nach 6,3 km biegen Sie rechts ab, 300 m weiter macht der Weg eine Kehre nach links. 🖐 Nach 7,1 km wenden Sie sich auf den weiterhin ansteigenden Weg scharf nach links. Diesem Weg folgen Sie weiter hinauf, bis Sie nach 7,8 km an einen querenden breiten Weg kommen.

Sie halten sich hier links und stoßen 150 m weiter auf eine Asphaltstraße, die Sie nach 130 m zum Parkplatz und 🏠 zum gekennzeichneten kurzen Aufstieg auf das Gipfelplateau des Pico Alto (⇧ 587 m) bringt. Die wenigen Stufen steigen Sie dann wieder hinab.

⑭ Zwischen Forts und Sukkulenten ✕ ⛴ 🏊

Tour für Landschaftsgenießer und Strandfans 👨‍👩‍👧 👨‍👩‍👧 🐕 🐕

Die Tour führt oberhalb der Südküste entlang, zunächst auf Weidegebiet und dann in einen Wald, in dem auch Höhlen zu entdecken sind. Danach windet sich der Pfad durch unzählige übermannshohe Kakteen und Agaven: eine ganz besondere Atmosphäre. Zum Schluss werden Sie mit einem guten Restaurant und einem feinsandigen Badestrand belohnt.

→   Start: Wandertafel mit Parkplatz am Fort de São Brás in Vila do Porto, GPS N 36°56.786' W 025°08.799'; Ziel: Praia, GPS N 36°57.075' W 025°05.852'

↻   7,1 km

⧖   4 Std.

↑↓   535 m/589 m

⇧   6-197 m

✎   Als PR5SMA ist der Weg rot-gelb markiert.

✕   am Ziel in Praia

⛴   mehrere Läden und Markthalle in Vila do Porto

🏊   Strände kurz vor Praia und in Praia

👨‍👩‍👧   Der Weg ist für Kinder gut geeignet, da er spannend und abwechslungsreich ist. Mit kleineren Kindern sollten Sie den Abstieg nach Praia über den Aussichtspunkt wählen.

🍼   Der Weg ist bis zum Steg des Nationalmonuments Figeira do Campo beschränkt buggytauglich.

🐕   Hunde können frei laufen, Wasser sollten Sie mitnehmen.

🚌   Linie 6 von Vila do Porto nach Praia und retour, 4 x täglich, wochentags

🅿   Parkmöglichkeiten entlang der Uferpromenade in Praia

☺   Schauen Sie sich vor dem Start noch die Hinweistafeln zur Geschichte der Korsaren an, denen das Fort lange Zeit standgehalten hat.

Auf dieser perfekten Aussichtsplattform an der Wandertafel Trilhos da Costa Sul beginnt der Weg. Nach 200 m biegen Sie nach rechts auf eine schmale Straße und 30 m weiter vor einem Haus links ab. Nach 340 m geht es auf einem Erdweg nach rechts unten auf eine schmale Brücke zu, die Sie überqueren. Nach der Brücke halten Sie sich links auf dem kleinen Erdweg, der dann bald nach rechts führt.

Startpunkt der Tour

Der alte Verbindungsweg wird zu einem Feldweg, der nach 900 m im rechten Winkel nach rechts und nach 1,4 km nach links biegt. Sie wandern auf offenem Weideland in Richtung von einigen Windrädern.

Nach 1,8 km verlassen Sie die Fahrspur, steigen an einem Hinweisschild zum Nationalmonument Figueira do Campo links ab und gehen über wenige Stufen auf einen modernen Holzsteg, auf dem verschiedene Tafeln über die Gegend informieren.

Am einzigen Ausgang nach 200 m verlassen Sie den Steg nach links und sehen eine deutliche Wegspur im offenen Gelände. Nun beginnt der schönste Teil der Wanderung, der zunächst aber auch ein wenig Orientierungssinn erfordert.

Die Wegspur leitet Sie zu der Ruine eines verfallenen Stalls, an der Sie auf Stufen rechts vorbeigeleitet werden. Nach 2,4 km führt die Trittspur halb links auf ein Holzgestell zu, welches Sie durchschreiten. Diese und folgende Holzgestelle leiten Wanderer, aber eben nicht die dort eventuell grasenden Kühe bequem von einer Weide zur anderen.

Bis zum nächsten Holzdurchlass 200 m weiter müssen Sie sich auf der Weide auf die Trittspur konzentrieren. Nach dem zweiten Holzsteg halten Sie auf zwei Holzpfosten zu und gleich danach auf einen einzelnen.

Ab jetzt wird der Weg deutlicher, da er von Vegetation begrenzt ist, und bietet nun auch Schatten. Nach 2,7 km bleiben Sie auf dem deutlichen Weg geradeaus und gehen nicht rechts hinunter auf den Fischerweg. 100 m weiter führt der deutliche Weg vor Höhlen nach rechts.

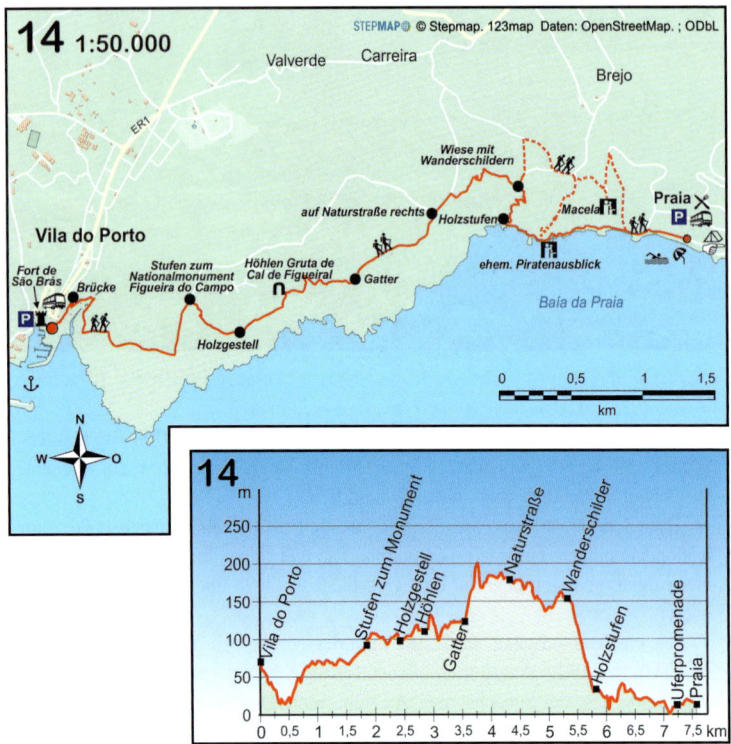

Die Höhlen Gruta de Cal de Figueiral sind erschaffen worden, um dort Kalk abzubauen. In der Nähe steht auch ein gemauerter Ofen und dieser Weg wurde früher als Transportweg genutzt.

Er führt durch einen schattigen Wald und nach 3,3 km haben Sie einen weiteren Taleinschnitt gequert, der nächste folgt sogleich. Bei km 3,5 laufen Sie auf ein etwas abenteuerliches Gatter zu, welches Sie – wie auch die folgenden – bequem öffnen (und wieder schließen) können. Dahinter wird in Abschnitten die alte Pflasterung des Verbindungsweges deutlich und rechts verläuft eine Mauer.

Nach 4,3 km quert eine Naturstraße, dort halten Sie sich rechts, gehen an einem auffälligen Wohnhaus vorbei und verlassen nach 150 m die Straße wieder, indem Sie rechts auf eine Wiese auf die deutliche Wegspur abbiegen. Kurz danach treffen Sie erneut auf ein Holztor.

Nach 4,7 km geht es in einigen Kehren bergab, im Folgenden ist etwas Trittsicherheit gefordert. Wenn Sie 5,1 km zurückgelegt haben, führt Sie der Weg nach links auf eine Mauer zu, diese durchschreiten Sie und wenden sich sogleich nach rechts. Die Trittspur lenkt Sie auf eine Wiese mit zwei Wanderschildern: Rechts geht es nach Prainha zum Meer hinab, links nach Praia. Trittsichere nehmen also den rechten Weg und steigen auf einem schmalen Pfad hinab zum kleinen, nur zu Fuß zu erreichenden Strand Prainha.

✍ **Variante über den Aussichtspunkt**: Sie gehen vor den Wandertafeln nach links, am rechten Rand der Wiese entlang, laufen an einigen Metrosiderobäumen (☞ Tour 1) vorbei und kommen so nach 5,6 km zu einem querenden Weg, hier wenden Sie sich nach rechts. Dort, wo dieser Weg dann auf die Asphaltstraße stößt, kommt von rechts der Wanderweg an, der vom Fort von Prainha hinaufführt.

Nach 6,1 km sehen Sie vor sich den 🏛 zweigeschossigen Aussichtspunkt von Macela. Genießen Sie den Ausblick auf die schöne Bucht von Praia. Um hinunter zu kommen, gehen Sie zunächst auf der Hauptstraße weiter, biegen dann vor einer Rechtskurve auf die alte Straße nach rechts ab und gelangen so auf die Uferpromenade.

Sie wenden sich also nach rechts, laufen gleich danach links über Naturstufen und bleiben dann immer auf dem Weg, der sich den Hang hinunterzieht. Fast unten angekommen geht es über Holzstufen nach links und schon stehen Sie am Ufer. Hier geht es in wenigen Schritten nach rechts zu dem kleinen Strand und nach links weiter zum Zielort Praia.

Setzen Sie den Weg nach Praia auf den Felsen am Meer fort, so gelangen Sie bald zu den Ruinen des alten Forts, eines weiteren Piratenausgucks.

✍ Kurz davor führt ein gekennzeichneter Wanderweg hinauf zum oben beschriebenen Aussichtspunkt. Steigen Sie hier wieder auf, wenn Sie nicht schwindelfrei sind, nach stärkeren Regenfällen (Steinschlaggefahr) oder falls Flut und das Meer zudem noch sehr unruhig ist.

Schmaler Weg an Steilkueste mit Blick auf Praia

Der schmale Weg verläuft die nächsten 450 m mit einem Seil gesichert in der Steilküste weiter. Danach führt er direkt am Meer weiter und Sie müssen über einige Felsen klettern. Zweimal helfen Ihnen auch Holzleitern, größere Felsen zu überwinden. An einigen Stellen müssen Sie direkt an die Wasserlinie, dort sollten Sie bei Flut beachten, dass ca. jede siebte oder achte Welle eine stärkere ist. Es sind so jeweils nur wenige Meter zu überwinden. Nach 7,1 km erreichen Sie die Uferpromenade von Praia.

Faial

Auf der Caldeira (Tour 18)

Faial, die Weltoffene, ist die viertgrößte Insel des Archipels und wird wegen der ab Mitte Juni blühenden Hortensien auch Ilha Azul (blaue Insel) genannt. Sie bietet dem Besucher eine Vielfältigkeit, die sie stark von anderen Inseln unterscheidet und für Wanderer besondere Reize hat.

Capelinhos, das jüngste Land der Azoren, ist durch einen 13 Monate tobenden Ausbruch eines submarinen Vulkans entstanden und hat sich mit der Hauptinsel verbunden. Wanderer können sich dieses Naturschauspiel erschließen und noch um weitere kleinere und größere tiefgrüne Krater herumlaufen (☞ Tour 16).

Faials Geschichte wird seit jeher stark von außen beeinflusst: Es kamen Flamen, Amerikaner und internationale Telegrafengesellschaften und die ersten Wasserflugzeuge auf dem Weg nach Amerika landeten im Hafenbecken von Horta. Heute malen die Weltumsegler bunte Bilder an die Hafenmauer. So gibt sich Horta gern kosmopolitisch.

Auf der 14 x 21 km kleinen Insel, die auch Sitz des Parlaments der Azoren ist, leben 15.000 Einwohner.

Faial wurde seit der Besiedlung ab 1466 immer wieder von Erdbeben heimgesucht, zum letzten Mal im Jahr 1998. Daher fallen auch verlassene und zerstörte Häuser auf. Die ehemalige Kirche von Ribeirinha wurde als Erinnerung an das letzte große Erdbeben im verfallenen Zustand gelassen.

🚢🛥 Der Flughafen von Faial wird von Lissabon und auch von den anderen Inseln angeflogen. Zusätzlich kann man von Faial aus mit dem Schiff zu den Nachbarinseln Pico (bis zu 5 x täglich) und São Jorge (1 x täglich) fahren.

🛏 In Horta gibt es Viersternehotels, aber auch einige kleinere Pensionen. Außerhalb von Horta kann man sehr schön in Quintas (Landhäusern) und Ferienhäusern wohnen.

✕ 🍴 Horta bietet auch das größte Spektrum an Restaurants und das wohl weltberühmte Peter Café Sport (Rua José Azevedo, 9, 9900-027 Horta, ☎ +351 292 391 837, 🕐 Mo-Sa 8:00-01:00, So ab 9:00), inzwischen eine Institution bei Einheimischen und Gästen.

✕ ☺ Ein ganz spezielles Restaurant ist O Esconderijo (Das Versteckte, Rua Janalves 3, Cedros, 9900-341 Horta, ☎ +351 292 946 505, 🕐 Mi-Mo 18:00-22:00). Ein freundlicher Bayer kocht und serviert in außergewöhnlicher Umgebung ebensolche, sehr leckere Speisen (nur nach Voranmeldung).

🛒 Die meisten Einkaufsmöglichkeiten gibt es in Horta, doch auch in einigen kleinen Dörfern kann man Hunger und Durst stillen. Viele der Kneipen betreiben einen kleinen Laden oder die Läden eine Kneipe.

✚ In Horta befindet sich das Zentrumskrankenhaus für die Inseln Faial, Flores, Corvo und Pico (Estrada Príncipo Alberto do Monaco, 9900-038 Horta, ☎ 351 292 201 000).

🚌 Es gibt zwei Linien, die von Horta aus die Dörfer entlang der Inselrundstraße an der Ost- und der Westküste anfahren. Sie können für eine Rundfahrt Mo-Fr um 11:45 von Horta in Richtung Ribeira Funda fahren, dort um 12:45 umsteigen und entlang der anderen Küste wieder zurückfahren.

🏊 Bei Horta finden Sie zwei schöne Sandstrände (☞ Tour 15), einen weiteren in Almoxarife.

🥾 Empfehlenswerte offizielle Wanderwege finden Sie unter
💻 wanderwege.visitazores.com/de/wanderwege-der-azoren/faial

♦ PRC2FAI (Rocha da Fajã): schöne Ausweichtour bei Nebel
♦ PRC5FAI (Castelo Branco): Aussichtstour für Schwindelfreie
♦ PR6FAI (10 Vulkane): ✋ sehr viel auf Straßen!
♦ PRC4FIA (Caldeira): ☞ Tour 18

Faials Küste

⑮ Entdeckungen rund um Porto Pim

 WC 〰 ⌘

Tour für Landschaftsgenießer und historisch Interessierte   👪 👪 🚼 🐕

Sie gehen von einem Aussichtshügel zum nächsten und blicken so auf Horta, die Bucht von Porto Pim und in den „Höllenkrater" Caldeira do Inferno. Ein kurzer, aber sehr steiler Abstieg bringt Sie wieder hinunter zur Küste, wo Sie sich noch über die hiesigen Meeresbewohner, die Wirtschaftsgeschichte der Familie Dabney und schließlich über den Walfang informieren können. Nach so vielen Infos lädt zum Schluss ein Sandstrand zum Baden ein.

↻   Start/Ziel: Largo Manuel de Arriaga in Horta, GPS N 38°31.722' W 028°37.571'

↻   4,5 km

⧖   2 Std. plus Besichtigungszeit (1-2 Std.)

↑ ↓   325 m/325 m

⇧   0-109 m

✎   Holztafeln ab der ehemaligen Walfangfabrik

✗   Café bei der Walfangfabrik (ca. km 0,9 bzw. km 3,4)

WC   Toiletten in den Ausstellungen und am Strand (ca. km 0,9 und zwischen km 3 und km 3,5)

〰   Strand von Porto Pim (km 3,5)

👪   Wegen des steilen Abstiegs nur für größere Kinder geeignet.

🚼   Es gibt nur ein ebenes Stück ab der Walfabrik.

🐕   Hunde können fast immer frei laufen, der Zutritt zu den Ausstellungen und zum Strand ist allerdings verboten.

🅿   Parkplatz am Start/Ziel

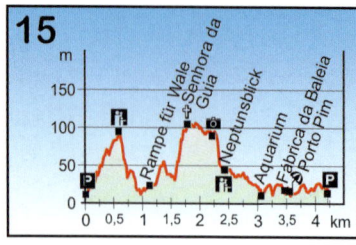

Den Parkplatz in Horta verlassen Sie in Richtung Süden und nehmen gleich links die ansteigende Straße Rua da Rosa. Sie biegt nach rechts und gleich darauf gehen Sie die Betonstufen zwischen zwei Häusern links hinauf. Oben wenden Sie sich nach rechts in die schmale Wegspur und gehen durch das immer offene

Gatter. Nach 320 m kommen Sie in einen Mischwald und halten sich 60 m weiter an einer Gabelung links. Gleich darauf stehen Betonpfeiler am Weg und nach 510 m eröffnet sich ein erster Blick auf Horta und kurz danach auf die Bucht von Porto Pim.

Weiter geht es entlang einer niedrigen Mauer. Nach 650 m gehen Sie rechts wenige Stufen hoch, halb links folgen weitere. Nun gehen Sie auf einem Grat und blicken auf die Südküste der Insel.

Nach 750 m beginnt der Abstieg im Geröll. Unten auf der Straße halten Sie sich rechts und gehen auf die ehemalige Walfabrik Fábrica da Baleia zu, vor der Sie sich nach links wenden. (Sie kann später noch besichtigt werden.)

Wale wurden in den Gewässern um die Azoren ab Ende des 18. Jh. gefangen, zunächst unter der Regie der Amerikaner aus Neuengland. Rund 100 Jahre später bauten die Azorer ihre eigenen Schiffe und jagten die Meeresriesen bis zum Schluss 1987 mit per Hand geworfenen Harpunen von nur 22 m langen Booten aus, die kleiner waren als die gejagten Tiere.

Hier beginnt der markierte Weg, der Sie nach 150 m nach rechts weist. Oberhalb des Fabrikgeländes können Sie den Tunnel sehen, durch den die Wale früher gezogen wurden. Der Weg führt Sie leicht ansteigend nach links und Sie können nach 1,4 km eine aussichtsreiche Runde um den ehemaligen Weinberg der Familie Dabney drehen.

Wegbezeichnung vor der Caldeira do Inferno

Die amerikanische Familie Dabney bestimmte im 19. Jh. die wirtschaftlichen Geschicke von Faial, aber auch von Pico und São Jorge. Sie leiteten den Walfang, Orangen- und Weinanbau und gaben gesellschaftliche Empfänge, versorgten aber auch hungernde Bauern kostenlos mit Mais.

Der deutliche Weg führt nach weiteren 250 m zu den fast 250 Jahre alten Naturstufen der früheren Walausschauer. Oben auf der Straße geht es kurz nach rechts, so kommen Sie zur Kapelle Senhora da Guia. 🏕 Genießen Sie den weiten Rundumblick!

Dann laufen Sie an der südlichen Seite der Kapelle entlang und finden einen Mauerdurchbruch und einen Pfad, der Sie bis an die Spitze dieser Halbinsel bringt, von der Sie noch einmal einen ganz besonderen Blick auf die Caldeira do Inferno haben.

🖐 Wenn Sie nicht wirklich gutes Schuhwerk haben, kehren Sie nun wieder zu den Stufen zurück und steigen auf diesen bis nach unten ab. Ansonsten gehen Sie weiter geradeaus durch Heidebüsche. Bei km 2,6 beginnt der 100 m kurze, doch recht steile Abstieg mit einigen Naturstufen. Unten angekommen können Sie nach links noch einen 🖑 Abstecher zum Neptunsblick machen, der Weg führt sonst rechts weiter über Wiesen in Richtung Porto Pim.

Nach 3,1 km treffen die oben erwähnten Stufen von rechts auf den Weg und 100 m weiter stehen Sie vor dem Eingang eines Aquariums (🗓 15.6.-15.9. Di-So 10:00-17:00), in dem einheimische Meeresbiologen gefangene Fische beobachten, gegebenenfalls pflegen und diese von hier auch weitergeben. Innen gibt es eine interessante Führung auf Englisch,

Kurz danach kommen Sie zu der ehemaligen Weinadega der Familie Dabney, die in ein anschauliches Museum verwandelt wurde (🗓 15.6.-15.9. 10:00-17:00, 16.9.-14.6. 9:30-17:00, Sa 14:00-17:30, So geschlossen).

Am Ende der Promenade kommen Sie dann wieder zu der ehemaligen Walfabrik. Die Fábrica da Baleia dient heute auch als Forschungssitz und ist ebenfalls zu besichtigen (🗓 15.6.-15.9. 10:00-18:00, 16.9.-14.6. 9:30-16:30, Sa/So 14:00-17:30). Drinnen zeugen uralte Maschinen und Kessel vom Walfang in Porto Pim.

☕ Im Café bei der Walfangfabrik können Sie auch einen Kaffee trinken, 🌊 der hier beginnende Strand lädt zum Baden ein.

Zurück zum Startpunkt gehen Sie den Strand entlang, an dessen Ende rechts in die Rua Nova und schon stehen Sie wieder auf dem Parkplatz.

Taberna de Pim

⑯ Capelinhos: Grüne Krater – junges Land

☕ ⊼ ≋ ⌘

Tour für Landschaftsgenießer und Vulkanfans   👫👫 🐕

Sie erwandern den Rand eines kleinen Kraters und die Öffnung eines weiteren, beide im schattigen Wald. Dann geht es an den erst 59 Jahre alten Vulkan heran und später auch hinauf, zu Stellen, an denen noch Gase austreten. Zum Schluss können Sie sich im Informationszentrum über diesen Vulkan und Vulkanismus im Allgemeinen informieren und auch im ehemaligen Walfängerhafen baden. Die Tour kann auch abgekürzt oder geteilt werden. Es kommen immer mal Gerüchte auf, dass das Gebiet Capelinhos gesperrt werden soll, 2016 war es aber noch zugänglich.

↻	Start/Ziel: Parkplatz an der R3-2, GPS N 38°36.024' W 028°49.073'
➲	9,8 km
⧗	4 Std. 45 Min. plus Besichtigungszeit im Infozentrum (2 Std.)
↑ ↓	910 m/910 m
⇧	20-390 m
✎	viele Tafeln und rot-gelbe plus rot-weiße Markierungen, die aber häufig verwirren
✗	Café im Informationszentrum (km 6)
⊼	Bänke am Walausguck (km 0,23)
WC	Toilette im Infozentrum (km 6)
≋	Bademöglichkeit im ehemaligen Hafen von Comprido (500 m südlich vom Café)
👫	Wer mit Kindern unterwegs ist, sollte die Wanderung eventuell teilen: einmal die beiden Krater ab/bis Parkplatz, danach vom Infozentrum zum jungen Vulkan.
🚼	Für Buggys ist der Weg nicht geeignet.
🐕	Hunde können frei laufen, aber der Zutritt zu den Ausstellungen und zum Café ist verboten, auf Capelinhos ist es oft heiß und es gibt keine Wasserstellen.
🅿	Von Horta aus fahren Sie an der Abfahrt nach Capelinhos vorbei und sehen nach 600 m links Wanderschilder. Dort parken Sie rechts.

Sie gehen zunächst gen Süden auf den roten Sandweg, der leicht bergan und nach 230 m zu einem ehemaligen Walausguck führt, den Sie auch besichtigen können. ☺ Die Fensterklappen lassen sich öffnen!

110 m weiter gehen Sie auf dem Querweg rechts, dieser macht dann gleich einen Linksbogen. Hier sind gelegentlich Crossfahrzeuge unterwegs, daher die

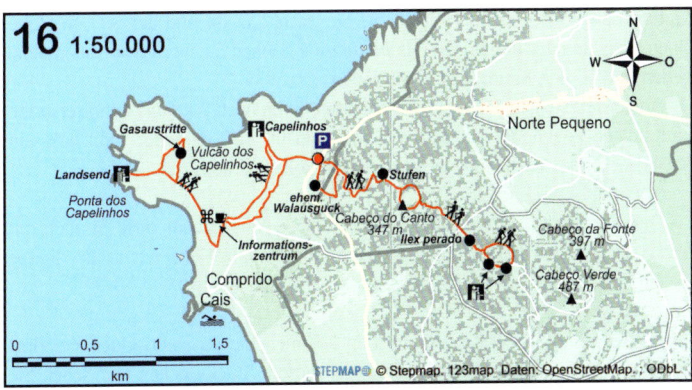

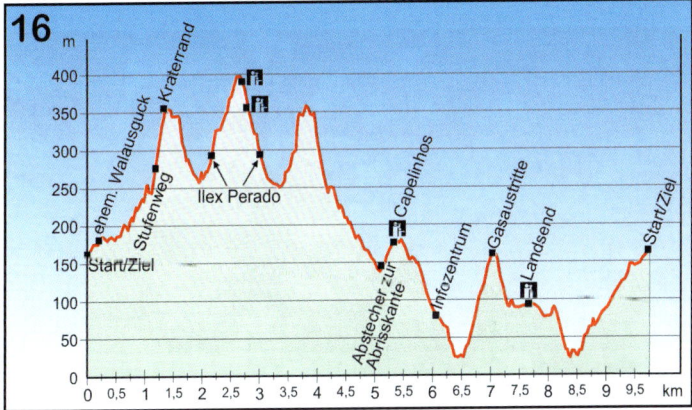

vielen Fahrspuren. Halten Sie sich rechts am Waldrand und nach 480 m gerade-aus auf der schmalen Spur. 80 m weiter biegen Sie auf den deutlichen Waldweg nach rechts ab, der im Folgenden stetig ansteigt.

Nach 1,2 km endet der Weg vor einer Wiese, hier geht es links zur (nicht sehr interessanten) Gruta do Cabeço do Canto und rechts führt der Weg nun auf Naturstufen hinauf.

Kurz unter dem Kraterrand stoßen Sie auf ein Holzgatter und oben finden Sie Wanderschilder. Hier gehen Sie links im Uhrzeigersinn auf dem Rand des kleinen

Kraters Cabeço do Canto entlang, bis Sie nach 1,6 km und auf 347 m Höhe einen Weg hinunter finden. ☺ Als Abkürzung können Sie hier geradeaus weitergehen und so den Krater gleich umrunden.

Ansonsten steigen Sie hier links ab, überqueren nach 2 km die Schotterstraße und steigen gegenüber auf dem Waldweg hinauf. 200 m weiter steht links ein beeindruckendes Exemplar eines endemischen Ilex perado.

Der Ilex perado (Stechpalme) ist ein immergrüner Baum oder Strauch mit festen, glänzenden Blättern, die oft keine Dornen haben und nur an der Spitze pieken. Im Herbst und Winter trägt er rote Früchte.

Ein kurzes Stück weiter im Aufstieg kommen Sie an einen Querweg, dort gehen Sie nach links, weiter aufwärts. Auf diesem Stück riechen und sehen Sie wilden Thymian.

Wilder Thymian

Thymian (Thymus caespititius) ist eine kriechende Pflanze mit rosafarbenen Blüten, die auf allen Höhenstufen angetroffen werden kann, vulkanischen Untergrund liebt und sehr gut duftet.

Nach 2,6 km (N 38°35.651' W 028°48.150') biegen Sie rechts ab und gehen somit um den sogenannten Calderão herum, eine Öffnung des Hauptvulkans Cabeço Gordo, die durch Lavaausfluss entstanden ist. Geradeaus geht es hier zur überwachsenen Höhle Furna Ruim und weiter zur Straße auf den Cabeço Verde.

Im Abstieg erreichen Sie bald rechts zwei kleine Aussichtspunkte mit Blick in den Caldeirão und nach Capelinhos. Nach 2,9 km kommen Sie wieder zu dem bereits bekannten Weg, steigen hier nach links zur Stechpalme und weiter zur Straße ab und danach wieder hoch zum Cabeço do Canto, auf dessen Rand Sie nach 3,6 km erneut ankommen.

Dort wenden Sie sich nach links und haben nach 150 m einen sehr schönen Blick auf die Westspitze der Insel.

Nach 3,9 km kommen Sie wieder zu den Wanderschildern, steigen hier links ab und nehmen unten wieder links den Waldweg, bis Sie nach 4,6 km aus dem Wald kommend erneut auf das offene Gelände mit den Fahrspuren stoßen.

Hier gehen Sie nun geradeaus hinüber und finden gegenüber einen Einschnitt im Dickicht mit einem grasüberwachsenen Weg. Dieser bringt Sie direkt zum Parkplatz.

Hier könnten Sie abkürzen, indem Sie mit dem Auto direkt zum Informationszentrum fahren. Oder Sie überqueren zu Fuß die Straße und gehen die Trittspur entlang, anfänglich noch mit niedriger Vegetation, später dann kahl. Nach 500 m biegen Sie an einem Markierungspfahl rechts ab und machen einen ✥ Abstecher zur Kante, von der Sie einen beeindruckenden Blick auf die Nordküste des Vulkans haben. ✋ Bitte gehen Sie nicht zu weit heran: Die Kante hängt über!

Capelinhos ist durch einen 1957/58 13 Monate lang wütenden, submarinen Vulkanausbruch in Verbindung mit vielen Erdbeben entstanden und hat sich während dieser Zeit mit der Hauptinsel verbunden. Der ehemalige Leuchtturm markierte früher das Westende von Faial.

Danach steigen Sie wieder zu dem mit Holzpfählen markierten Weg ab, halb rechts auf den ehemaligen Leuchtturm zu. Nach weiteren 900 m kommen Sie zum Eingang des ⌘ Informationszentrums (WC ☕), welches Sie sicher später noch besuchen werden.

Um auf den jungen Vulkan zu gelangen, gehen Sie schräg über den Weg und steuern halb rechts auf dem Vulkansand eine kleine Gruppe von Tamarisken an (km 6,3, N 38°35.739' W 028°49.613').

Tamarisken fühlen sich in Küstengebieten sehr wohl. Es handelt sich um einen verzweigten Strauch mit kleinen Blättern, der fast wie ein Nadelholz wirkt, mit weißen bis rosafarbenen Blüten.

Vor den Tamarisken sehen Sie die Spur rechts auf den jungen Vulkan abbiegen, zunächst abfallend und im Gegenhang ansteigend. Nach 6,8 km biegen Sie nach rechts auf die Spur, steigen auf und kommen nach weiteren 200 m bei 159 m Höhe dorthin, wo es noch dampfende Risse und Öffnungen in der Oberfläche gibt. 🖐 Passen Sie gut auf Kinder und Hunde auf! Hier brüten im Frühsommer Seevögel, die nicht gerne gestört werden.

Blick auf Capelinhos

Wenige Meter dahinter sehen Sie einen Weg links 200 m hinunterführen. Unten gehen Sie nach links und können dann nach 7,4 km einen kurzen Ausflug zum Westende der Insel machen, welches Sie rechts abbiegend nach 200 m erreichen. Dort sehen Sie beeindruckende Felsformationen – 🖐 treten Sie aber nicht zu nah an den Abgrund heran!

Blick auf ehemaligen Leuchtturm und Capelinhos vom Cabeço do Canto

Zunächst gehen Sie dann auf demselben Weg zurück. Nach 200 m können Sie die rechte Spur wählen und kommen so noch an Bimsformationen vorbei, bevor Sie dann wieder auf den Aufstiegsweg von vorhin treffen, auf diesem absteigen und zurück zum Informationszentrum gehen.

⌘ Centro de Interpretação do Vulcão, ☎ +351 292 200 470, 📱 16.9.-14.6. Di-Fr 9:30-16:30, Sa/So 14:00-17:30, 15.6.-15.9. Mo-So 10:00-18:00, ☕

Nehmen Sie dort ein kühles Getränk und lassen Sie sich mindestens 2 Std. Zeit, um alles zu erkunden. Über die 140 Stufen können Sie auch in den ehemaligen Leuchtturm hinaufsteigen.

Um später wieder zum Ausgangspunkt der Wanderung zu gelangen, folgen Sie dem schnurgeraden Weg Richtung Parkplatz bis zum Wanderschild vom Caminho de Baleeiros, gehen hinter diesem wieder auf den Sand und in dem kleinen Tal hinauf. Nach 450 m wenden Sie sich nach rechts auf den schon bekannten Weg und erreichen so den Startpunkt.

⑰ Ein Wasserlauf und andere Überraschungen

Tour für Landschaftsgenießer

Die Tour verläuft zunächst entlang eines Kanals (Levada), dessen Wasser ein E-Werk speist, dann geht es hinauf auf den faszinierenden Kraterrand der Caldeira. Am Schluss des Abstieges führt ein überraschender Tunnel in einen kleinen Krater hinein. Es ist eine ideale Ausweichtour, wenn der Cabeço Gordo (☞ Tour 18) zu neblig ist, Sie aber doch ein wenig vom Kraterrand erkunden wollen. Sie lässt sich auch mit Tour 18 kombinieren. Der Abstieg erfolgt streckenweise auf Teerstraße.

↻   Start/Ziel: Parkplatz an der Wandertafel vom PR3FAI,
       GPS N 38°34.891' W 028°44.740'

➲   10,5 km

⧗   4 Std. 30 Min.

↑ ↓   760 m/760 m

⇧   686-1.005 m

✎   an der Levada gelb-rot, unregelmäßige weiß-rote Zeichen

👪   Die Wanderung ist nur für größere Kinder geeignet, da sie anstrengend ist. Spaß machen eine schmale Brücke über ein tiefes Tal und ein Tunnel hinein in einen Krater.

🛒   für Buggys nicht geeignet, zu schmal und unwegsam

🐕   Hunde können frei laufen, eventuell müssen Sie aber bei weidenden Kühen aufpassen. Es sind drei Kuhgitter in die Straße eingelassen.

🅿   Mit dem Auto fahren Sie von der Inselrundstraße bei Capelo Richtung Cabeço Gordo hoch und parken bei der Wandertafel vom PR3FAI Levada am Start/Ziel.

Sie folgen dem Schild „Levada" zunächst auf einem roten Erdweg. Nach 100 m gehen Sie geradeaus weiter, von rechts kommen Sie am Schluss wieder hier an. Immer geradeaus laufend treffen Sie bald auf ein Wassersammelbecken und dahinter auf die Levada, der Sie folgen.

Sie müssen einige Male an matschigen Abschnitten die Seite wechseln. Auch wird Wasser aus Seitentälern eingeleitet. Vielleicht treffen Sie auf den Levadawärter.

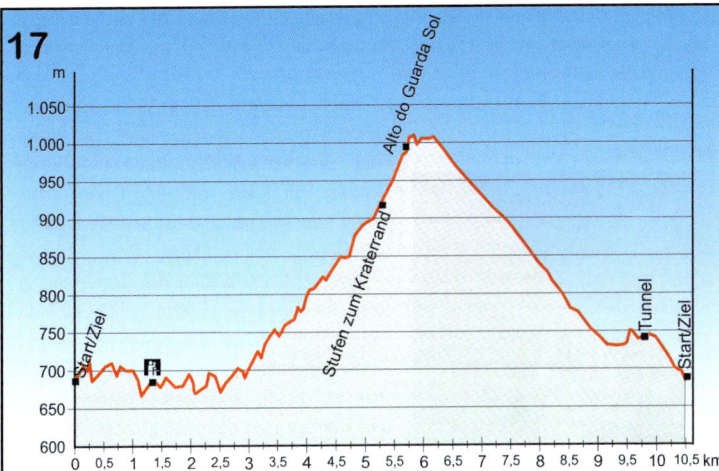

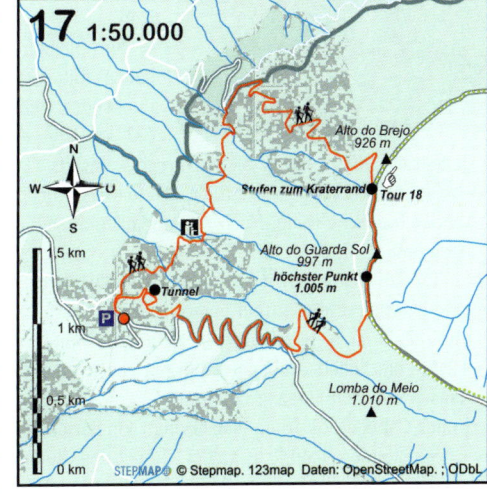

Nach 1,3 km öffnet sich die Landschaft und Sie können gen Westen bis nach Capelinhos blicken. Bald sind Sie von einheimischen Pflanzen wie Wacholder, Ilex perado und Baumheide umgeben. Auch Hortensien fehlen nicht.

Der Wacholder (Juniperus brevifolia), früher gerne wegen seines guten Holzes geschlagen, steht heute unter Naturschutz. Er kann sehr alt werden und hoch wachsen, die Stämme sind oft gebogen. Meist ist er oberhalb von 500 m anzutreffen. Die Früchte werden hier nicht verwendet.

Immer wieder kommen Sie in kurze waldige Abschnitte mit Sicheltannen. Nach 2,1 km führt eine Brücke über ein tiefes Tal, 🖐 bitte nur mit zwei Personen gleichzeitig hinübergehen!

Levadawärter

Nach weiteren 250 m quert eine rote Schotterstraße. Geradeaus führt die Levada noch ca. 5 km weiter bis zu einem Fahrweg hinunter zur Küste. Sie gehen nun rechts hinauf, der Wegesrand ist mit Wacholder und Sicheltannen bepflanzt.

Nach 4,8 km kommt der Kraterrand in Sicht, nach weiteren 500 m sehen Sie links einige Stufen direkt auf den Rand führen. Oben angelangt genießen Sie die 📷 Aussicht auf diesen tiefen und einsamen Krater und wenden sich dann nach rechts auf den schmalen Weg. Die gerade verlassene Schotterstraße verläuft immer parallel unterhalb.

Sie bleiben auf dem Kraterrand und haben mit 1.005 m bald den höchsten Punkt der heutigen Tour erreicht. Nach 6,2 km trifft der Weg auf eine querende Teerstraße, dieser folgen Sie nach rechts abwärts.

Sie bleiben auf der Teerstraße, die teilweise wieder zuwächst, rechts und links weiden friedliche Kühe. Nach 7,4 km laufen Sie auf der Querstraße rechts weiter nach unten.

1,7 km weiter gehen Sie in einer Linkskurve rechts auf den Erdweg, der bald eine Linkskurve macht und immer schmaler wird. Nach 400 m kommt ein Weg von rechts dazu, hier laufen Sie geradeaus weiter, um sich dann nach weiteren 120 m am Schild „Cabeço dos Trinta" nach rechts zu wenden. Sie stehen kurz danach vor dem Eingang des 61 m langen, mannshohen Tunnels, der Sie in den Krater Cabeço dos Trinta hineinbringt. Ein lauschiges Pausenplätzchen!

Sie können natürlich wieder durch den Tunnel zurückgehen, aber auch geradeaus auf der Wegspur den kleinen Kraterrand ca. 30 m hinaufsteigen. Oben wenden Sie sich nach rechts und kommen so auf den bereits passierten Weg, folgen diesem nach rechts und gelangen dann nach 10 Min. an den breiten Querweg, der Sie wieder zum Startpunkt bringt.

Über allen Höhen ist Ruh'

Tour für Landschaftsgenießer

Eine spannende Wanderung auf dem Kraterrand mit beeindruckenden Ausblicken in die Caldeira, auf die gesamte Insel und bis zu den Nachbarinseln. Die Vegetation ist üppig. Bei klarer Sicht bietet die Tour aussichtsreichen Genuss auf schmalem Naturpfad.

↻   Start/Ziel: Parkplatz an der Wandertafel, GPS N 38°34.827' W 028°42.384'

⟳   7,1 km

⧗   3 Std.

↑ ↓   473 m/473 m

⇧   871-1.019 m

✎   Der Weg ist durchgehend gelb-rot markiert, außerdem gibt es weiß-rote Zeichen. Er entspricht dem offiziellen Wanderweg PRC1FAI.

👪   Für kleinere Kinder ist die Tour zu anstrengend, größere werden den gebotenen Helikopterrundblick spannend finden.

🛒   für Buggys nicht geeignet, zu schmal und unwegsam

🐕   Hunde können frei laufen.

Blick in die Caldeira

P Parkplatz am Start/Ziel (Sie fahren gen Norden aus Horta hinaus, folgen der ER1 und immer den Hinweisschildern Vulcão bis zum Ende der Stichstraße, wo sich ein Parkplatz befindet.)

Der kurze Tunnel am Parkplatz führt zum Aussichtspunkt mit Blick auf die Caldeira: ein wahres Naturschauspiel! Wenn Sie hier bereits dicken Nebel haben, so unternehmen Sie bitte eine andere Wanderung (z. B. ☞ Tour 17), es ist dann zu gefährlich!

Zurück auf den Parkplatz gehen Sie links der Tafeln die wenigen Stufen hoch zum Kraterrand, dort wenden Sie sich nach links und umkreisen den Krater im Uhrzeigersinn.

Nach 670 m könnten Sie auf den mit Antennen bestückten höchsten Punkt steigen (Cabeço Gordo, ⇧ 1.043 m), der eigentliche Wanderweg führt jedoch als Naturweg sehr schön unterhalb weiter. Sie bleiben immer auf dem deutlichen und markierten Weg auf dem Kraterrand und ignorieren zweimal die von links kommenden Schotterstraßen.

Auf dem Caldeirarand

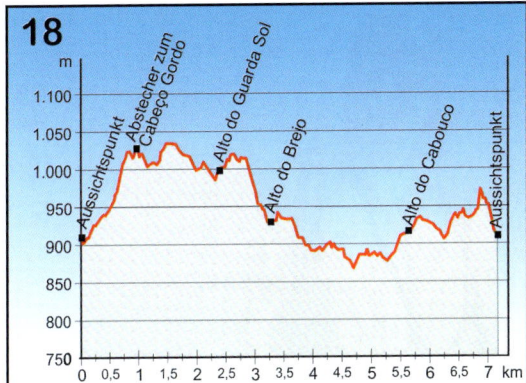

Bei klarer Sicht können Sie bis auf die kleinen Krater im Westen und nach Capelinhos blicken.

Von Hortensienhecken gesäumt führt der Weg weiter, immer wieder fallen die Blicke zur Küste, später bis auf die Inseln Graciosa, São Jorge und Pico.

Am Ende der Runde finden Sie noch eine kleine, offene Kapelle und dann geht es wieder hinunter zum Parkplatz.

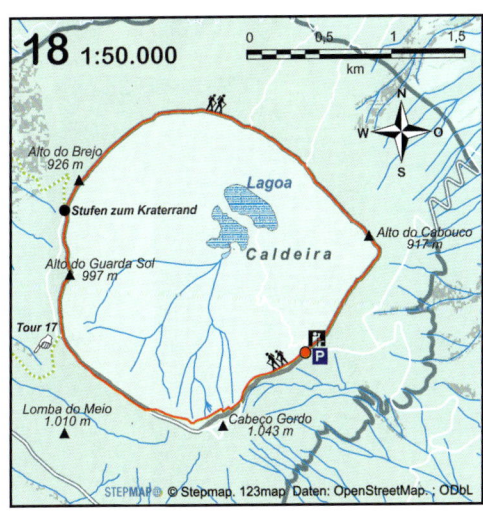

Pico

Auf dem Gipfel des Pico Piquinho (Tour 22)

Die zweitgrößte Insel der Azoren mit nur 15.000 Einwohnern hat viel zu bieten:

▷   **den gleichnamigen Vulkan und höchsten Berg Portugals** (⇧ 2.351 m): Der typische Stratovulkankegel des Pico Alto mit der sich aus ihm erhebenden Spitze des Piquinho zieht bei entsprechendem Wetter die Blicke aus der gesamten Zentralgruppe an. Seine Besteigung erfordert Kondition und auch Trittsicherheit – besonders im Abstieg.

▷   **die älteste Weinanbaukultur der Inseln:** Seit der Besiedlung im 15. Jh. wurde auf den fruchtbaren Lavaböden um die Westspitze Wein angebaut. Hiervon zeugen auch heute noch viele der verfallenen Mauern, die bereits kleinste Flächen (Currais) gegen den Salzwind schützen und Wärme speichern sollten. Die UNESCO hat 2004 den gesamten Weinanbau auf Pico zum Weltkulturerbe erklärt und damit eine weiträumige Restaurierung gefördert.

▷   **die älteste Walfangkultur der Azoren:** Pico und Faial stellen eine mehr als 100 km lange Barriere im Atlantik dar, an der alle Meeresbewohner nach oben gedrängt werden. Gleichzeitig fällt die Insel Pico mehrere Tausend Meter tief ins Meer ab, Tiefen, aus denen sich die Wale ihre Beute holen, weshalb sie in Küstennähe zu finden sind. So gilt Pico als prädestiniert zur Wal-und Delfinbeobachtung. Mehrere Unternehmen in Lajes und in Madalena bieten solche Ausfahrten an.

▷   **die traditionsreichste Bevölkerung des Archipels:** Traditionen werden hier gepflegt, sei es auf Festen oder im täglichen Handwerk. Man ist stolz darauf, sich von Walfängern zu Walbeobachtern gewandelt zu haben. Gleichzeitig zeugen diverse Museen vom früheren Einkommen durch Walfang, Verarbeitung und Handel. Die Regatten der schnittigen Rudersegelboote, mit denen bis zum Schluss die Wale gejagt wurden, lassen heute noch die Traditionen aufleben.

🛈   Im Hafen- und auch im Flughafengebäude gibt es Touristeninformationen, die geöffnet sind, wenn Schiffe bzw. Flugzeuge ankommen.

🚢✈   Der Flughafen wird von Lissabon bis zu 2 x wöchentlich angeflogen. Pico hat zwei Häfen: Madalena ist das Tor zum Nachbarn Faial und São Roque dient als Handelshafen und verbindet Pico mit São Jorge.

🛏   Am Hafen von Madalena steht das größte Hotel, das eher nicht durch seine Architektur überzeugt. Ansonsten gibt es diverse kleine, teilweise auch luxuriöse Pensionen und Ferienhäuser.

✕ ☕ Restaurants finden Sie nicht nur in den größeren Orten, sondern auch häufig in den Dörfern, z. B. in Manhenha (☞ Tour 21).

🏬 Mit mindestens einem großen Supermarkt sind die Städte Madalena, São Roque und Lajes ausgestattet und in den Dörfern gibt es kleine Läden.

🚌 Von Madalena fahren die Busse der Firma Cristiano (💻 www.cristianolimitada.pt) 2 x täglich über die Nordküste nach Piedade und 1 x täglich entlang der Südküste in den Inselosten. Gerade auf Pico gibt es während der Schulzeiten wesentlich mehr Verbindungen (periodo letivo).

🏊 Pico hat sehr schöne Naturschwimmbecken rund um die Insel, die auch die Einheimischen gerne nutzen.

🥾 Offizielle Wanderwege finden Sie unter

💻 wanderwege.visitazores.com/de/wanderwege-der-azoren/pico

♦ PR2PIC (Caminho dos Burros): alter Eselpfad vom Hochland bis in die 🏊 Bucht Baía dos Canas

♦ PR10PIC (Santana–Lajido): Sie können bis Ponta Negras bequem fahren, ab da wird es für Wanderer interessant!

♦ PR18PIC (Misterios Sud do Pico): bequeme Ausweichstrecke für Nebeltage an der Südküste

♦ PR18PIC (Nove Canadas de Ribeirinha): Fortsetzung von ☞ Tour 21

Schwieriger Abstieg vom Pico Alto (Tour 22)

⑲ Vom Hochland zur Küste

Tour für Naturliebhaber und Querfeldeingeher

Diese Tour führt Sie vorbei am Lagoa do Paúl im einsamen Hochland im ersten Teil pfadlos über Wiesen hinunter. Dieser Wegabschnitt ist der wildeste, der in diesem Buch beschrieben ist, und sollte nur von absolut geübten Wanderern und bei guter Sicht unternommen werden. Sie haben traumhafte Blicke auf den Pico und auf die Südküste. Am Schluss der Tour lockt Lajes mit genügend Einkehrmöglichkeiten, Lebensmittelläden und einer Badestelle.

✎ *Der erste Teil kann auch etwas bequemer umgangen werden, aber auch dann ist Orientierungssinn erforderlich.*

✋ *Bitte hinterlassen Sie alle Gatter so, wie Sie diese vorgefunden haben.*

→ Start: Abzweig Lagoa do Paúl auf der Straße Hochland/Piedade, GPS N 38°26.851' W 028°14.046'; Ziel: Hafen von Lajes, GPS N 38°23.744' W 028°15.234'

⟳ 10,6 km

⏳ 4 Std. 30 Min.

↑↓ 153 m/1.030 m

⇧ 1-889 m

✎ keine Markierungen

✕ mehrere Restaurants am Ziel in Lajes

🏛 verschiedene Läden in Lajes

〰 Badebucht am Ostende von Lajes

👨‍👩‍👧 Die Tour eignet sich für geübte Kinder, die Spaß am Wandern haben.

🛒 Für Buggys ist der Weg ungeeignet.

🐕 Hunde sollten bei weidenden Kühen angeleint werden.

🚗 Taxis für die Rückfahrt stehen vor der Kirche in Lajes. ☺ Lassen Sie sich von Lajes aus mit dem Taxi hochfahren, dann steht das Auto am Schluss der Tour.

🅿 Parkmöglichkeiten am Start und am Ziel (Anfahrt zum Start: Sie fahren von der ER2 im Hochland in Richtung Piedade ab. Dort steht die Tafel des offiziellen Wanderweges PR 19, Caminho das Lagoas, der zwar sehr schöne Ausblicke bietet, aber komplett auf bequem zu befahrenden Straßen verläuft. Auf dieser Panoramastraße fahren Sie an verschiedenen kleinen Kraterseen vorbei. Nach 6,7 km sehen Sie rechts den beschilderten Feldweg zum Lagoa do Paúl abgehen. Hier parken Sie.)

Vom Startpunkt am Abzweig gehen Sie den Feldweg hinab. ✎ Merken Sie sich nach 510 m die Fahrspur rechts als etwas einfachere Variante für den Fall, dass Ihnen die Abenteuervariante im Folgenden doch zu schwer sein sollte. Nach 2,5 km endet der Feldweg direkt am Lagoa do Paúl. Paúl nennen die Insulaner ein wasserreiches Gebiet.

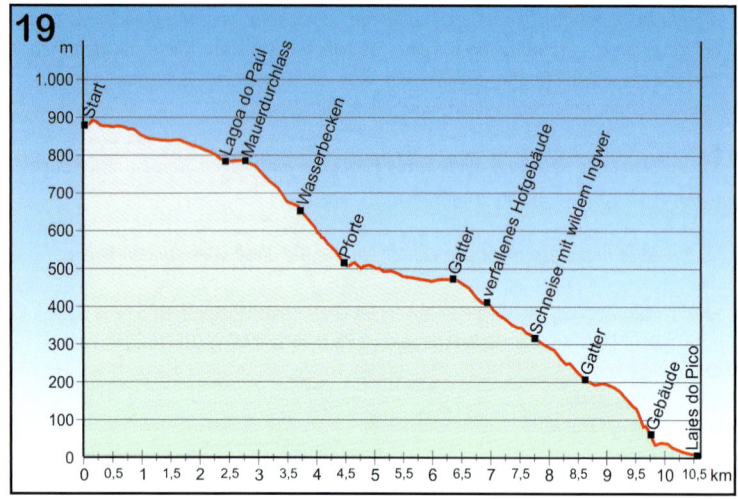

Die Abenteuervariante führt hier rechts vom See zunächst noch auf einem kleinen Trampelpfad weiter, der sich aber bald verliert. Sie gehen auf der Wiese weiter gen Südwesten und finden nach 2,7 km einen Mauerdurchlass, der Sie auf eine weitere Wiese bringt. Auf dieser wandern Sie am rechten Rand hinunter. 500 m weiter geht der mit Hortensien überwachsene rechts verlaufende Wall in Wacholderbüsche über und Sie laufen weiter geradeaus.

✋   Achten Sie nach 3,3 km auf eine Trittspur, die durch den Wacholder nach rechts führt. Hier wechseln Sie zur anderen Seite des Naturwalls, suchen in der kleinen, links folgenden Mauer einen Durchlass und gehen auf einer Wiese weiterhin hinab Richtung Südwesten. Sie haben herrliche Ausblicke auf den Pico Alto und den Südhang der Insel.

Kurz darauf erblicken Sie am unteren Rand der Wiese Holzpflöcke, auf die Sie zusteuern. Kurz vor diesen (nach 3,5 km) gehen Sie nach rechts durch ein kleines, feuchtes Tal und finden 200 m weiter eine grasüberwachsene, undeutliche Fahrspur. Dieser folgen Sie nach unten und entdecken nach 3,8 km ein Wasserbecken. 100 m weiter haben Sie einen ersten Blick auf Lajes. Bei km 4,2 folgt ein weiteres Wasserbecken und 300 m weiter öffnen Sie eine Pforte und wenden sich auf der schmalen Straße nach links.

Nach 6,4 km finden Sie rechts der Straße ein Gatter, durch welches Sie schreiten, um auf dem folgenden schmalen Feldweg weiterhin hinabzugehen. Bei km 7 kommen Sie an einem verfallenen Hofgebäude mit Wassertrog vorbei. 600 m weiter überqueren Sie eine rote Sandstraße geradeaus, laufen 200 m und treffen dann auf eine senkrecht verlaufende Schneise im

Blick auf den Pico Alto

wilden Ingwer, durch die Sie gehen. 100 m weiter biegt der Weg an einer Ruine scharf links ab, wiederum 100 m weiter ist ein Tor zu öffnen und nach insgesamt 8,3 km gehen Sie am Ende der Wiese geradeaus auf dem kurzzeitig überwachsenen Pfad weiter.

200 m weiter biegen Sie am Ende der Wiese nach links auf den Feldweg ab. Wenn Sie 150 m zurückgelegt haben, führt der Weg nach einer Brücke nach rechts und durch ein Eisengatter. Nach 9,3 km bringt Sie der Feldweg zu einer befestigten Piste und Sie biegen rechts ab.

Sie gehen 200 m und biegen dann nach links auf den alten Verbindungspfad ab, der Sie über Stufen und zwischen Trockenmauern bequem hinabbringt. Nach 9,8 km liegt links ein Gebäude und gleich darauf treffen Sie auf die Inselrundstraße, halten sich auf dieser links und biegen bei km 10 rechts auf die Straße ab, die Sie über einen Parkplatz zur Dorfstraße von Lajes führt. Auf dieser gehen Sie nach rechts, am kleinen Kreisel gleich links und kommen so zum Hafen von Lajes.

⑳ Grüner Wein in schwarzer Lava   ✕ ≈

Tour für Fans besonderer Anbaukulturen, Lava- und Küstenliebhaber

👫 🛒 🛒 🛒 🐕

Diese bequeme Tour an der Südküste durch das von der UNESCO geschützte Weinanbaugebiet zeigt eindrücklich, wie fleißig sich die Bewohner der Insel schon immer dem Anbau des Weines gewidmet haben. Sicher haben Sie noch nie so viele Steinmauern (port. currais genannt) gesehen! Entlang der Küste bieten sich schöne Blicke auf die vorgelagerten Inseln von Madalena und auf Faial. Außerdem liegt noch eine tolle Badebucht am Wegesrand!

↻ ⇆ Start/Ziel: zentraler Platz Largo Jaíme Ferreira in Madalena,
      GPS N 38° 32.097' W 028° 31.668'
⟳   9,6 km
⧗   3 Std. 15 Min.
↑ ↓ 300 m/300 m
⇧   8-52 m
✕   Cafe Simpatia am Start/Ziel, Restaurant Ancoradouro (km 1,2 bzw. 8,4)
≈   schöne Badebucht bei km 5,7
👫   Für Kinder fehlen die Höhepunkte.
🛒   Für Buggys ist die Tour sehr gut geeignet, die Wege sind breit und flach.

Paisagem protegida cultura da vinha – Patrimonio Mundial

🐕   Die dort fahrenden Autos könnten Hunde stören.

🅿   Parkmöglichkeiten in den Straßen rund um den zentralen Platz oder 150 m weiter am Fährhafen

Sie starten am zentralen Platz von Madalena gegenüber dem Taxistand, wo sich auch das 🍽 Café Simpatia befindet (☎ +351 292 622 400, 🕐 täglich ab 7:00).

Von dort gehen Sie auf der Hauptstraße gen Süden, passieren die Kirche und das alte Hafenbecken und biegen an der ersten Kreuzung nach rechts ab. Am Ende der Straße gehen Sie auf dem Fußweg weiter und biegen vor der Küste nach links ab. Sie laufen geradeaus, bis Sie eine breite Straße (Avenida Padre Nunes da Costa) erreichen, die nach links biegt. Auch auf dieser geht es geradeaus weiter, Sie biegen nicht rechts in zwei Sackgassen ab. Nach 1,2 km kommen Sie am rechter Hand liegenden ✕ Restaurant Ancoradouro im Vorort Araia Larga vorbei, das Sie sich schon einmal für den Rückweg merken können – eine sehr gute Fischadresse inklusive Terrasse mit Meeresblick (Estrada Longitudinal, Areia Larga, 3, ☎ 292 623 490, 🕐 Do-Di 12:00-15:00 und 19:00-22:00).

Ehemalige Windmühle

Nach 2,1 km gabelt sich die Straße und Sie bleiben rechts an der Küste. Nun haben Sie die „Paisagem protegida cultura da vinha – Patrimonio Mundial" erreicht. 500 m weiter (km 2,6) liegt rechts eine Parkbucht und links geht ein

roter Sandweg ab, hier biegen Sie nach links ab und können nach weiteren 500 m auf die Plattform einer ehemaligen Windmühle steigen und einen fantastischen Blick über das von der UNESCO geschützte Weinanbaugebiet von Pico genießen. Nach 3,4 km biegen Sie rechts auf den roten Sandweg ab. 500 m weiter nehmen Sie den linken Abzweig, halten sich nach 4,2 km geradeaus und biegen dann bei km 4,9 rechts ab. Die Straße ist hier bereits asphaltiert. Sie gehen in Richtung Küste. Diese und eine schöne Badebucht haben Sie nach 5,7 km erreicht. Nun bleiben Sie immer auf der Straße an der Küste, passieren dann nach 7 km erneut die nun links liegende Parkbucht und erreichen nach 9,6 km wieder das Zentrum in Madalena.

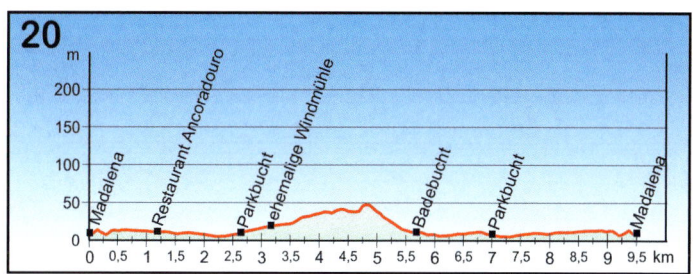

 Schwarze Lava – blaues Meer

Tour für Naturliebhaber und Küstenfans

Diese Tour zur Ostspitze der Insel verläuft zunächst direkt entlang der Küstenlinie, große Teile davon pfadlos in der scharfkantigen Lava. Sie können das Schauspiel von aufbrausenden Wellen und dem schwarzen Basalt beobachten und die spektakulären Felsformationen bewundern. Dieser Teil ist wirklich nur für trittsichere Wanderer machbar. Ein Restaurant in der Mitte lädt zur Einkehr und ein Naturbecken zum Baden ein. Der Rückweg erfolgt auf alten Naturpfaden zwischen kleinen Feldern.

↻	Start/Ziel: Fischerhafen von Piedade, GPS N 38°26.329' W 028°03.382'
➲	11,3 km
⧖	4 Std. 15 Min.
↑↓	430 m/430 m
⇧	8-83 m
✎	in einem Abschnitt rot-gelbe Markierungen
✗	Restaurant in Manhenha (ca. km 6,7)
⊼	Steintische und -bänke finden Sie nach 4,4 km an der Küste.
≋	jeweils eine Badebucht in Cais do Galego (km 1,2) und Manhenha (km 6,4)
👫	nur für geübte Kinder geeignet
🛒	für Buggys ungeeignet
🐕	Für Hunde ist es auf der Lava sehr heiß, bitte nehmen Sie Wasser mit.
🅿	Parkmöglichkeit direkt am Start/Ziel (Sie biegen in Piedade vor der Kirche scharf nach links ab, kommen so hinunter zum Fischerhafen (Calhau) und können dort direkt parken.)

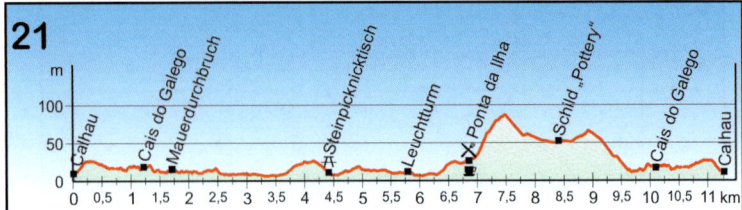

Zu Fuß gehen Sie die Straße wieder zurück, biegen nach 200 m links ab und folgen dieser schmalen Straße mit bereits schönen Ausblicken auf die felsige Küste. Nach 1,2 km kommen Sie zu dem kleinen Platz Cais do Galego, biegen kurz danach links ab und 50 m weiter auf den Fußweg nach rechts. Im Folgenden biegen Sie zweimal links ab und bleiben so immer direkt oberhalb der Küste.

Nach 1,7 km gehen Sie durch einen Mauerdurchbruch und folgen dem Pfad über die Wiese. Dahinter führt eine Trittspur auf die Lava, hier beginnt der schwierige Teil der Wanderung.

✍ Falls Sie im Folgenden merken sollten, dass der Weg doch zu schwierig oder die Brandung zu kräftig ist, so gehen Sie zurück bis zum dritten Weg links, biegen auf diesen ab, gehen kurz danach geradeaus weiter und wenden sich dann auf den Querweg links. Wo dieser auf eine Querstraße stößt, halten Sie sich wieder links, bleiben fortan immer auf dieser Straße und kommen so zum Weiler Engrade und zum weiter unten beschriebenen Weg.

Die Küstentour verläuft anfangs am rechten Rand der Basaltformationen, später geht es weiter an die Abbruchkante der Küste. Schauen Sie immer wieder, wo die rot-gelben Markierungen sind, nicht überall kann man diese erkennen und Sie müssen sich einen eigenen Weg suchen. Nehmen Sie sich Zeit für diesen Abschnitt!

Nach 3,7 km sehen Sie rechts einen Weg von der Küste wegführen, dort gehen Sie hinauf und kommen so auf einen breiten Weg, der Sie an einem Haus vorbei zum Weiler Engrade bringt. Nach 300 m wenden Sie sich auf der Straße nach links, nach weiteren 200 m geht links eine Stichstraße ab. Dort steht das Schild, dass der folgende Abschnitt an der Küste vom 15.5. bis zum 30.7. gesperrt ist, weil die Seeschwalben brüten.

Diese Tour ist nur für trittsichere Wanderer empfohlen

✍   In dieser Zeit gehen Sie auf der Straße geradeaus weiter, bleiben nach 900 m auf der Straße, finden nach 1 km links das Restaurant und sind nach 1,3 km an der Straße, die links zum Leuchtturm und rechts zur Badestelle führt.

Wenn der Abschnitt nicht gesperrt ist, biegen Sie hier nach insgesamt 4,2 km links ab, gehen rechts am Haus vorbei auf den Fußweg und finden nach weiteren 200 m einen ⵜ Steinpicknicktisch mit Bänken.

Hier führen rechts Stufen auf den Fußweg. Ab hier ist der Weg besser zu erkennen, er führt vor einem Meereseinschnitt nach rechts oben und danach durch ein kleines Wäldchen. Dahinter können Sie schon den Leuchtturm sehen, den Sie nach 5,8 km erreichen. Sie umgehen ihn auf der linken Seite, bis Sie vorne an eine Straße kommen, auf der Sie sich links halten.

Nach 6,4 km biegen Sie scharf rechts ab in den Caminho de Baixo. 🏊
100 m geradeaus liegt das Naturschwimmbecken der Baía da Fonte.

Rechts abbiegend folgen Sie dem Caminho de Baixo und finden 300 m weiter
das ✕ Restaurant/Café Ponta da Ilha (☎ +351 292 666 708, 🚪 Di-So 12:00-
22:00).

Nach 6,8 km biegen Sie links auf den schmalen Feldweg ab, rechts folgt gleich
ein kleines weißes Gebäude. Es geht immer geradeaus, bis Sie nach 7,3 km hinter
einer Linkskurve rechts abbiegen.

Auch nun halten Sie sich auf dem Feldweg zwischen Mauern geradeaus. Nach
7,7 km kommen Sie an ein weißes Gebäude und 200 m weiter biegen Sie vor
einem blau getünchten Tor links ab. 60 m weiter nehmen Sie den rechten
Abzweig.

Bei km 8,4 biegen Sie vor dem Schild „Pottery" links ab und gleich danach
gehen Sie geradeaus weiter und nicht links. 100 m weiter biegen Sie rechts auf
eine schmale Asphaltstraße ab. Auf dieser lassen Sie zwei Abzweigungen unbe-
achtet und biegen nach 9,4 km rechts ab. 100 m weiter geht es erneut rechts ab,
Sie laufen 50 m, nehmen dann den linken Abzweig und erreichen nach 9,6 km
den schon bekannten Weg, der Sie links zurück zum Ausgangspunkt bringt.

Küste von Manhenha

㉒ Pico Alto: Portugals Höchster   ☕ WC

Tour für Bergsteiger und Gipfelfans

Diese Tour erfordert Kondition und Trittsicherheit, gerade im Abstieg. Auf- und Abstieg erfolgen auf derselben Route auf scharfkantigen Lavabrocken und sollten keinesfalls unterschätzt werden. Der Aufstieg zum Gipfel des Vulkankegels Pico Pequinho setzt Schwindelfreiheit voraus und die Hände müssen eingesetzt werden, auch wenn es keine reine Klettertour ist. Diese Wanderung sollte nur bei absehbar klarem Wetter unternommen werden!

Sich anmelden (und bezahlen) müssen Sie im Casa da Montanha. Dafür bekommen Sie dann ein GPS-Gerät, mit dem Sie im Notfall geortet werden können.

✋ *Starten Sie möglichst bei Sonnenaufgang, sonst blendet die Sonne stark beim letzten Drittel des Aufstiegs. Wenn das Casa da Montanha noch geschlossen sein sollte, gehen Sie links vorbei und finden dort die Treppenstufen zum Aufstiegsweg. Die Anmeldung ist dann eben eine spätere Abmeldung.*

⇄ Start/Ziel: Casa da Montanha, N 38° 28.232' W 028° 25.576'

↻ 7,7 km

⧗ 8 Std.

↑↓ 1.180 m/1.180 m

⇧ 1.246-2.351 m

✎ Es stehen 45 durchnummerierte Pfosten am Weg, die aber bei Wolken und Nebel nicht auszumachen sind.

✕ Im Casa da Montanha gibt es Getränke.

WC Toilette im Casa da Montanha

🚼 Diese Tour ist zu schwer und gefährlich für Kinder.

🚼 für Buggys ungeeignet

🐕 Hunde haben auf der scharfkantigen Lava keine Freude.

🅿 Parkmöglichkeit direkt am Start/Ziel

✋ Im Casa da Montanha am Start/Ziel müssen Sie sich anmelden und bezahlen (€ 10/Person). ☎ +351 967 303 519, ▯ 1.4.-30.5. und Okt. 8:00-20:00, 1.6.-30.9. 0:00-24:00

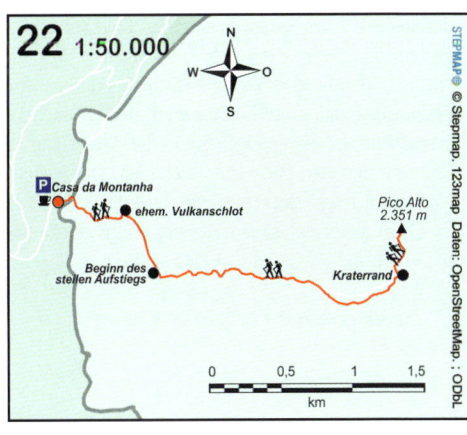

Pico Alto

Sie starten an der Casa da Montanha und konzentrieren sich immer auf die undeutliche Trittspur und die Pfosten. Nach 570 m erreichen Sie einen Vulkanschlot, in dem früher, als es noch keine Straße bis zum Aufstieg gab, die Wanderer (ungemütlich) übernachtet haben. Hier führt der Weg nach rechts und der schwierigere Abschnitt

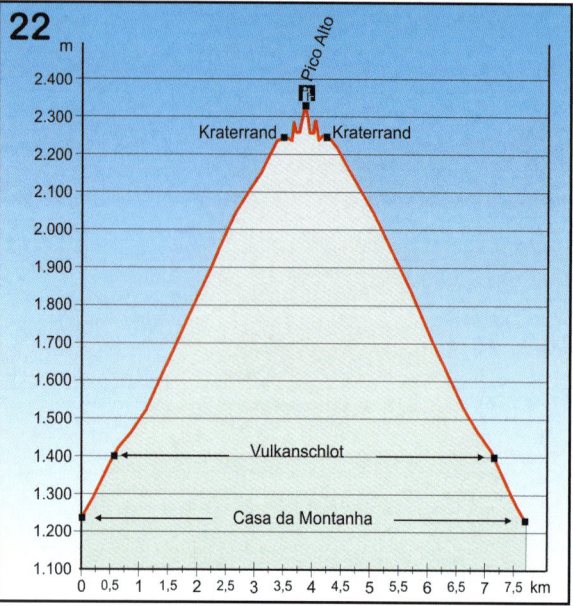

beginnt. Nach 1,1 km biegt der Weg auf einer kleinen Plattform nach links und der steile Teil des Aufstiegs fängt an. Bald verlieren sich die Trittspuren im Lavagestein und Sie müssen sich Ihren eigenen Weg zwischen den Pfosten suchen. Nach 2,7 km biegt der Weg nach rechts und es wird etwas flacher, bis dann der Endaufstieg zum Kraterrand beginnt, den Sie nach 3,5 km und bei 2.274 m Höhe erreicht haben. Nun steigen Sie in den Kraterrand ab, sollten eine Pause machen und sich den Pico Pequinho anschauen. Der weitere Aufstieg ist eine Kraxelei in einer nicht markierten Lavarinne, in der Sie auch wieder absteigen müssen.

Oben angelangt haben Sie, bei Wetterglück, eine herrliche Rundumsicht auf das Hochland im Osten von Pico und die umliegenden Inseln.

Zurück geht es auf demselben Weg.

São Jorge

Südküste São Jorge mit Pico und Faial

Diese Insel wurde wohl an einem 23.4. entdeckt, dem Tag des heiligen Georgs, des Drachentöters (São Jorge). Einen Bezug zu Drachen hat die Insel aber auch aus anderen Gründen, denn dadurch, dass sie schmal und lang ist und ihre Vulkankegel sich wie an einer Linie aus dem Meer erheben, sieht die Insel aus wie der Rücken eines Drachens.

São Jorge gilt als die Wanderinsel, denn in der Tat sind viele kleine Ortschaften in den Fajãs bis heute nur zu Fuß zu erreichen.

Fajãs werden flache, fruchtbare Ebenen unterhalb einer Steilküste benannt, die entweder durch immer wieder vorkommende Hangrutsche oder durch von unten gewachsene Lava oder durch eine Kombination von beidem entstanden sind. Es herrscht in den Fajãs ein mildes Mikroklima, daher wurden diese immer gerne zum Anbau auch von tropischen Früchten – bis hin zum Kaffee (☞ Tour 25) – genutzt. Einige dieser Fajãs haben inzwischen Sommerhauscharakter, andere sind zum Jugendsurftreff geworden.

Velas

São Jorge liegt in der Mitte der Zentralgruppe, die Insulaner können mit dem Schiff ganzjährig nach Pico fahren, wenn es das Meer zulässt, und haben auch tägliche Flugverbindungen. Zudem kann man von São Jorge aus die vier anderen Inseln der Zentralgruppe sehen.

Täglich geht es mit dem Flugzeug nach São Miguel und auch nach Terceira. Allerdings ist der Flughafen stark windabhängig und auch nebelgefährdet und dann landet keine Maschine auf der kurzen Landebahn.
Ebenfalls täglich geht es mit dem Schiff von Velas aus nach São Roque do Pico, in den Sommermonaten sogar zweimal am Tag.

Hotels und Pensionen finden sich in und um Velas und auch in Calheta. Ferienhäuser gibt es im Gegensatz zum Nachbarn Pico wenige.

Restaurants gibt es in den Hauptorten sowie in einigen Fajãs, z. B. in der Fajã do Ouvidor und der Fajã das Cubres, Snackbars in der Fajã dos Vimes (☞ Tour 25) und in der Fajã de Santo Cristo.

Je einen Supermarkt haben Velas und Calheta, in beiden Orten sowie in den kleineren Siedlungen gibt es aber auch noch kleine Läden. In den meisten der Fajãs kann der hungrige Wanderer nichts erstehen.
São Jorge ist sehr stolz auf seinen Käse, der auch in Lissabon gerne gegessen wird. Auf der Insel wird sogar Rohmilchkäse hergestellt. Besichtigen können Sie die große Molkereikooperative UrcL in 9800 Beiras (oberhalb von Velas, ☎ +351 295 438 274, ◗ Di 13:30-16:30 und Do 10:00-11:30).

Auf São Jorge können die spärlichen Busverbindungen noch weniger genutzt werden als auf den anderen Inseln, denn zwischen den beiden Hauptorten Velas und Calheta pendelt der Bus täglich nur einmal hin und her.

Empfehlenswerte offizielle Wanderwege finden Sie unter
▭ wanderwege.visitazores.com/de/wanderwege-der-azoren/sao-jorge, wobei die bekanntesten ganz im Osten liegen und eine jeweils lange Hin- und Rückfahrt voraussetzen, auch keine Rundwege sind.

♦ PR1SJO: wohl der berühmteste Weg der Azoren hinunter in die Fajã de Santo Cristo, gerade im Sommer mit viel Betrieb und auch Quads im zweiten Teil

♦ PR3SJO: die Fortsetzung von Fajã dos Vimes (☞ Tour 24) nach Fajã de São João.

♦ PR5SJO: Fajã do Alem an der Nordküste, Rundweg

23 Berg der vielen Aussichten   ✕ ⚖ 〰 🏠

Tour für Naturliebhaber   👨‍👩‍👧 👨‍👩‍👧 👨‍👩‍👧   🐎 🐕 🐕 🐕

Der Hausberg von Velas bietet wahrlich spektakuläre Weit- und Tiefblicke auf São Jorge und die umliegenden Inseln Pico und Faial und am Ende werden Sie noch mit einem Meeresbad, umgeben von schwarzer Lava, belohnt. Diese Wanderung ist auch ideal für einen Tagesbesuch auf São Jorge von den Nachbarinseln aus. Sie wandern einfach am Hafen los.

↻	Start/Ziel: im Hafen von Velas, GPS N 38°40.746' W 28°012.250'
➲	6,4 km
⧗	2 Std.
↑ ↓	454 m/454 m
⇧	30-190 m
✎	keine Markierungen am Wegesrand
✕	verschiedene Restaurants/Cafés und Bars im Zentrum von Velas
⚖	verschiedene kleine Läden im Zentrum von Velas, Supermarkt Compre Bem in der Nähe des Hotels in der Rua M. Jorge (🕐 Mo-Sa 8:30-20:00, So 8:30-13:00)
〰	Naturschwimmbecken nahe dem Parkplatz
👨‍👩‍👧	einfache und kurzweilige Tour für Kinder mit einem Meeresbad am Ende, ✋ Achtung am Kraterrand!

Ehemaliger Wachturm

🏎 Für Buggys ist der Weg nur am Anfang auf der Straße geeignet, an der Kapelle sind wenige Stufen zu überwinden, danach kann man mit guten Geländereifen noch bis zum Wachturm wandern.

🐕 Hunde sollten auf dem kurzen Straßenteil angeleint sein und können sonst frei laufen, Wasser bitte mitnehmen.

🅿 am Hotel São Jorge Garden (Die Strecke ist dann um 1,7 km verkürzt.)

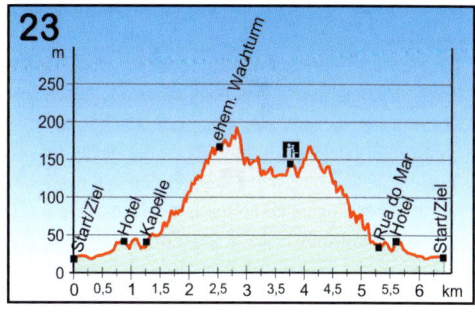

Sie gehen aus dem Hafen unter den Stadttoren hinaus geradeaus in die Rua Almirante Cándido Reis, die dann in die Uferstraße Avenida da Conceição übergeht, auf der Sie fortan bleiben. Nach dem Hotel führt der erste Abzweig links (Rua do Mar) zur Badebucht, hier geht es aber erst einmal geradeaus weiter, bis Sie auf eine Querstraße stoßen, sich dort links wenden und mit der Straße gleich nach rechts umbiegen So kommen Sie nach 1,5 km zur Kapelle Nossa Senhora do Livramento. Sie gehen die Stufen hinauf und finden hinter der Kapelle einen Übergang über den Zaun. Nun setzt sich der Weg auf der Wiese fort und Sie folgen der eindeutigen Wegspur gen Westen, die bald links und dann gleich wieder rechts umbiegt und nach 2,3 km eine Spitzkehre nach links macht. 300 m weiter haben Sie die Ruine des ehemaligen Wachturms auf dem Kraterrand

Spektakulärer Tiefblick, im Hintergrund Pico und Faial

erreicht (🛒 und damit auch das Ende des Buggyweges): 📷 eine erste schöne Aussicht! 🚶 Wenn Sie die kleine Wegspur geradeaus weitergehen, 📷 haben Sie eine noch schönere Aussicht auf Velas, die Küste, Pico und Faial.

Die wenigen Meter gehen Sie wieder zum Wachturm zurück und biegen dann links auf die Wegspur, die in den Krater hineinführt und nach 3,2 km rechts umbiegt.

Sie durchschreiten den Krater in Richtung Nordwesten auf der Trittspur und können einmal nach links noch einen 🚶 Abstecher in Richtung Küste machen. Am nordwestlichen Ende des Kraters sehen Sie eine Trittspur den hier felsigen Kraterrand hochziehen, hier gehen Sie hinauf und kommen so an den Rand. ✋ Passen Sie hier bitte auf: 📷 Legen Sie sich nach 3,7 km bäuchlings hin, um über diesen überhängenden Felsen fast 145 m hinunter ins Meer zu blicken.

Sie gehen nun in Richtung Osten wieder in den Kratergrund hinunter und sehen einen schmalen Weg im Wald in Richtung Wachturm hinaufführen. Diesen nehmen Sie und kommen so nach 4 km wieder zum Turm. Der gerade beschriebene Teil des Weges kann etwas ausgewaschen sein.

Vom Wachturm geht es auf demselben Weg wie zuvor wieder nach Velas zurück, nun aber mit dem Abstecher bei km 5,3 nach rechts in die Rua do Mar zum sehr schönen 🏊 Naturschwimmbecken.

㉔ Sommerliches in der Fajã de João Dias

Tour für Landschaftsgenießer, die Atlantikblicke mögen

Diese Wanderung führt Sie in die bei Einheimischen sehr beliebte Fajã de João Dias. Die rund zwei Dutzend kleinen Häuser werden bei gutem Wetter gerne bezogen, von Kindern wird die Kiesbucht gerne genutzt.

⇆	Start/Ziel: Parkplatz beim Einstieg, GPS N 38°43.516' W 028°13.592'
↻	4,9 km
↑↓	400 m/400 m
⇧	8-408 m
⧗	2 Std. 30 Min.
✎	Es gibt keine Markierungen am Weg.
≈	Kiesstrand bei km 2,4
WC	Toiletten nahe dem Strand
👪	Wandergeübte Kinder werden Spaß an den kleinen Häusern und dem Kiesstrand haben.
🚼	Für Buggys ist es zu schmal und zu steil.
🐕	Hunde können frei laufen.
🅿	Parkplätze am Start/Ziel. Sie fahren auf der ER 1 nördlich von Velas durch Beira durch und biegen 1 km nach dem Ort in einer lang gezogenen Rechtskurve links auf die bezeichnete Nebenstraße in Richtung Rosais ab. 12 km weiter geht rechts eine rote Sandstraße ab. Hier weist eine Kacheltafel auf die Fajã de João Dias hin. Sie halten sich immer auf der deutlichen Sandstraße und kommen nach 997 m zum 🅿 Parkplatz am Einstieg zur Wanderung hinunter in die Fajã.

Den Einstieg weist ein blaues Eisengitter, kurz dahinter finden Sie einen 🄷 Aussichtspunkt mit Blick auf die kleine Schwemmebene.

Nun führt der deutliche Weg in Kehren stetig hinab. Es folgen einige Bachläufe. Nach 1,6 km geben die Bäume und Büsche

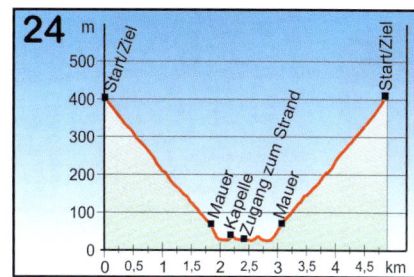

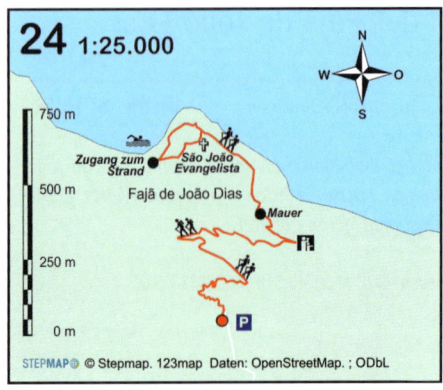

Kapelle São João Evangelista

den Blick auf die Fajã frei und 200 m weiter zeugen Mauern rechts und links des Weges davon, dass die Siedlung naht. Gleich folgt dann auch das erste Haus der Fajã de João Dias.

Hier wohnte noch vor 30 Jahren ein einzelner Herr, eine Dame wohnte weiter unten in der Fajã. Wie beide der Autorin damals ernsthaft versicherten, haben die beiden letzten Bewohner der Fajã nicht miteinander geredet!

Nach 2 km stehen Sie oberhalb des Meeres und biegen mit dem Pfad nach links ab. Hier folgt sogleich ein Brunnen auf der linken Seite.

200 m weiter kommen Sie zur kleinen Kapelle São João Evangelista. Gehen Sie vor der Kapelle nach links, so führt Sie der Weg an den kleinen Häusern vorbei im Bogen zum 🏊 Kieselstrand, an dem Sie bei ruhiger See baden können. In der Nähe gibt es auch Umkleiden und Toiletten.

Zurück gehen Sie auf dem Pfad am Meer. Sie kommen an Felsbrocken vorbei wieder

Weg zur Fajã de João Dias

zur Kapelle und nehmen von dort den Hinweg, passieren so wieder den Brunnen und biegen nach 2,9 km erneut rechts um.

✍ Gehen Sie hier geradeaus weiter, führt Sie der schmale Weg zu einem weiteren versteckt gelegenen Haus und bei ruhiger See, da er auf Felsbrocken verläuft, weiter bis zur kleinen, verlassenen Fajã do Centeio.

Rechtsherum haben Sie nach 4,9 km erneut den Parkplatz und Ausgangspunkt erreicht.

🟠 Von Kaffeebauern und Webstühlen   ☕

Tour für Landschaftsgenießer und Atlantikfans   🚶🚶🚶 🐕 🐕 🐕

Diese Wanderung führt Sie aus dem Hochland hinab an die Südküste in die kleine, bewohnte Fajã dos Vimes, in der sogar Kaffee angebaut wird, und weiter in den Weiler Portal, vom dem aus Sie wieder ansteigen.

↻ Start/Ziel: Wandertafel an der ER2-2 beim Hügel Urze,
   GPS N 38°35.718' W 027°55.983'

⮏ 10,1 km

⧗ 4 Std. 30 Min.

↑ ↓ 865 m/865 m

⇧ 25-650 m

✎ Es gibt einzelne rot-gelbe Markierungen am Wegesrand, der Aufstieg von Portal ist nicht markiert.

✕ Café Nunes oberhalb der Kirche in Fajã dos Vimes (ca. km 3)

🏊 bei ruhiger See Bademöglichkeit unterhalb des Cafés im kleinen Hafen

🚶 Für trittsichere Kinder ist die Tour abwechslungsreich.

🛒 Für Buggys sind die Wege zu schmal und zu steil.

🐕 Für Hunde ist der Weg geeignet, sie können frei laufen.

🅿 Parkmöglichkeit direkt am Start/Ziel rechts an der ER2-2 an der Wandertafel (Sie fahren auf der Straße ER2-2 von Calheta nach Topo und sehen dann gleich nach den links der Straße stehenden Windrädern rechts die Wandertafel des PR25SJO Fajã dos Vimes.)

Folgen Sie von der Wandertafel aus dem Wanderweg. Der immer wieder grasüberwachsene Weg führt hinab, später auch recht steil, dort ist die alte Steinpflasterung noch zu erkennen, die bei Regen sehr rutschig sein kann.

Nach 3 km stoßen Sie auf eine quer verlaufende schmale Straße, auf ihr halten Sie sich rechts.

✍ ☛ Wenn Sie hier links gehen, kommen Sie ins Zentrum von Fajã dos Vimes, wo in der Nähe der Kirche das kleine (beschilderte) Café Nunes liegt, in dem der hier selbst angebaute Kaffee ausgeschenkt wird (🚪 tägl. geöffnet, falls mal geschlossen ist, bitte klingeln, die Besitzer sind immer zu Hause). Im 2. Stock arbeiten immer noch Handweberinnen an den altertümlichen Geräten.

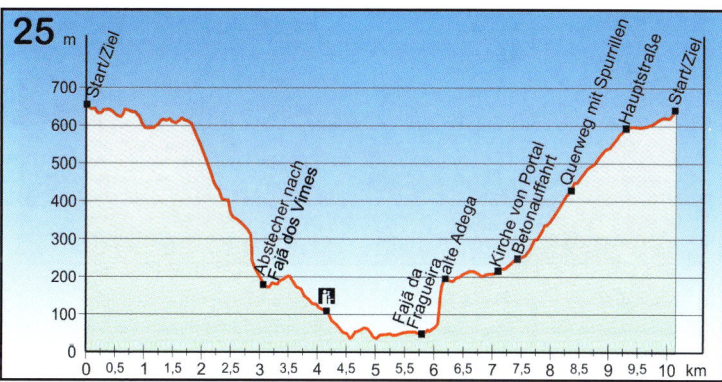

Nach rechts gehend überqueren Sie bald eine Brücke und kommen an einem Wasserfall vorbei, kurz vorher weist ein Pfeil zu einer Wasserquelle, der *fonte azeda*: erfrischendes Trinkwasser.

Nach 4,2 km biegen Sie nach links auf einen Feldweg ab. Im Folgenden haben Sie einen sehr schönen Blick auf die Fajã dos Vimes und den Verlauf der Steilküste im Südwesten der Insel. Der Weg führt an Trockenmauern entlang, zwischen denen Kühe weiden. 200 m weiter folgen Sie den Markierungen nach rechts.

Nach 5,1 km beginnt auf einer Betonpiste der Wanderweg PR9SJO nach Portal, die Wandertafel ist jedoch nur von hinten zu sehen. Gehen Sie die wenigen Meter zur Wandertafel hinab, drehen Sie sich um und folgen Sie dann den nach links weisenden Markierungen.

In der Fajã da Fragueira (km 5,8) mit ihren alten, kleinen Weinadegas kann man bis heute den traditionellen Weinanbau beobachten und, wer weiß, vielleicht wird Ihnen ein Schluck hausgemachten Weins angeboten? Am Ende der kleinen Siedlung folgen Sie den Wegmarkierungen nach rechts, der Weg steigt im Folgenden steil an. Kommen Sie nach 50 Höhenmetern an einer alten, verfallenen Weinadega vorbei, ist der steile Aufstieg geschafft.

Fajas der Südküste

Nach 6,3 km weist eine kaum mehr erkennbare Markierung nach links, 60 m weiter wandern Sie an einem Wasserfall vorbei und bald folgen die ersten Häuser des kleinen Dorfes Portal.

Bei km 6,9 biegen Sie links in Richtung der schon sichtbaren Kirche ab. 200 m weiter biegen Sie an der Kirche mit der Straße nach rechts. Dann finden Sie links eine Betonauffahrt mit eingelassenen Stufen, die Sie hinaufgehen (km 7,4).

Nach 7,6 km macht der Weg nach einem alten Steinhaus eine Spitzkehre nach rechts, 200 m weiter folgt an einer Viehtränke eine Spitzkehre nach links. Bei km 8 bleiben Sie geradeaus auf dem breiteren Pfad. 🖐 Im Folgenden ist der Weg ein alter Hohlweg mit bei Feuchtigkeit rutschiger Pflasterung, in der die Spuren der Ochsenkarren noch zu erkennen sind. Gute 300 m weiter kreuzt ein Pfad mit zwei Spurrillen den Weg, Sie gehen weiter geradeaus.

Nach 8,5 km bleiben Sie rechts auf dem breiteren Pfad. Dieser bringt Sie hinauf zur Inselrundstraße (km 9,3), auf der Sie sich rechts halten und dann nach 10,1 km den Ausgangspunkt wieder erreichen.

Terceira

Im wilden Hochland (Tour 27)

Terceira, die Dritte, ist die dritte Insel, die (um 1445) entdeckt wurde, und mit ca. 18 x 29 km auch die drittgrößte der Azoren. Die knapp 60.000 Einwohner leben entlang der Küste fast wie in einem großen Straßendorf. Ausnahmen bilden Angra do Heroismo, die wohl schönste Stadt des Archipels, und Praia da Vitória. Beide bekamen die Beinamen (do Heroismo/des Heldentums und da Vitória/des Sieges) 1834 von Königin Maria II., da die Einwohner ihren Vater Dom Pedro IV. im Kampf gegen seinen Bruder und für die Liberalisierung des Landes unterstützt hatten.

Angra (Bucht) gilt als Beispiel einer Renaissancestadt und ist von der UNESCO seit dem Erdbeben 1980 als Weltkulturerbe geschützt. Die alten Herrschaftshäuser zeugen noch von der großen Zeit, als die Handelsschiffe auf dem Rückweg von der Neuen Welt den geschützten Hafen anliefen. Angra ist seit 1534 Bischofssitz der Azoren.

Überall auf Terceira fallen bunt bemalte kleine Tempel auf, das sind die Häuser vom Heiligen Geist (do Espirito Santo). Auf dieser Insel feiern alle Gemeinden einmal im Sommer die schönsten Heiliggeistfeste, bei denen die Bevölkerung zu einem großen Mittagessen geladen wird.

Der vorgelagerte Monte Brasil ist bei Einheimischen ein beliebtes Ausflugsziel und ein toller Aussichtsbalkon.

☺   In der Algar do Carvão (◨ wie Gruta do Natal, ☞ Tour 26) können Sie in den Bauch eines Vulkans steigen und beim kleinen Rundgang um die Furna do Enxofre Schwefel riechen, beides im Inselinneren.

Auf Terceira finden im Sommer Stierkämpfe statt, die auf der Insel sehr beliebten Touradas à Corda, bei denen der Stier durch die Straße getrieben wird. Danach darf er wieder auf die Weide. ✋ Sie sollten nicht von den Wegen im Hochland abkommen, diese Stiere sind wirklich noch wild.

Auf Terceira wird auch Wein angebaut, hauptsächlich rund um Biscoitos an der Nordküste. ⌘ Dort liegt auch das Privatmuseum der Familie Brum mit altem Werkzeug und Verköstigungen (◨ Di-Sa 10:00-12:00 und 13:30-17:30, im Winter bis 16:00).

🛳️ 🚢   Der Flughafen bei Praia, auch amerikanischer Luftwaffenstützpunkt, wird von den anderen Inseln, Lissabon, Porto, Boston und Toronto angeflogen. Es gibt im Sommer unregelmäßigen Schiffsverkehr nach Graciosa und zu Inseln des Triangulos.

🛏️   In Angra und in Praia gibt es die meisten Hotels und Pensionen.

Kulinarisch hat die Insel einiges zu bieten, in den beiden Städten, aber auch in den Dörfern geht man gerne essen. ☺ Lassen Sie sich die berühmte Alcatara nicht entgehen, ein inseltypischer Fleischtopf. Cafés gibt es in allen Ortschaften.

Große Supermärkte gibt es in Angra und in Praia, aber auch in den kleinen Orten können Sie einkaufen.

Die Empresa de Viação Terceirense (EVT) fährt sowohl die Küstenstraße mehrfach täglich entlang als auch einmal täglich durch das Inselinnere (💻 www.evt.pt).

In Praia gibt es mehrere Strände, z. B. einen direkt an der Promenade und ☺ einen kleinen jenseits des Jachthafens. Rund um die Insel finden Sie sehr schöne Naturschwimmbecken, z. B. in Porto Martins, Quatro Ribeiras und Biscoitos. ☺ Machen Sie in Biscoitos ab dem großen Naturbecken einen kleinen Spaziergang (🚼 auch für Buggys geeignet) gen Osten entlang der wilden Lavaküste bis zu einer weiteren kleinen Badestelle.

Empfehlenswerter offizieller Wanderweg: PR2TER (Baías de Agualva): Alternative bei Nebel im Hochland im schönsten Küstenabschnitt der Nordküste

💻 wanderwege.visitazores.com/de/wanderwege-der-azoren/terceira

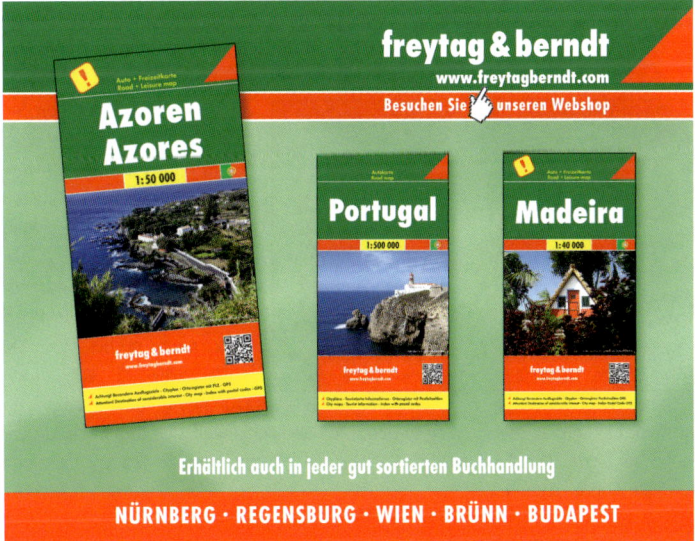

 Kleiner See am Lavafeld ✥

Tour für Landschaftsgenießer und Höhlenforscher

Diese abwechslungsreiche Tour im Hochland führt entlang von kleinen Seen durch einen dichten Wald und über ein Lavafeld (Misterio). Die Szenerie wechselt ständig, der Pfad ist teilweise sehr schmal und erfordert an einigen Stellen Trittsicherheit. Die Gruta do Natal ist eine spannende Lavahöhle und sollte auch noch erforscht werden.

↻   Start/Ziel: Parkplatz Gruta do Natal, GPS N 38°44.237' W 027°16.166'
➲   5,4 km
⧗   3 Std. 30 Min.
↑ ↓   343 m/343 m
⇧   551-651 m
✎   rot-gelbe Markierungen
👪   geeignet für geübte Kinder, die Spaß am Wandern haben
🛒   für Buggys zu schmal und zu steil
🐕   Hunde können frei laufen.
🅿   Parkplatz direkt am Start/Ziel (Von Angra kommend nehmen Sie die ER3 in Richtung Altares und finden ausgeschildert links den Abzweig zur Gruta do Natal.)

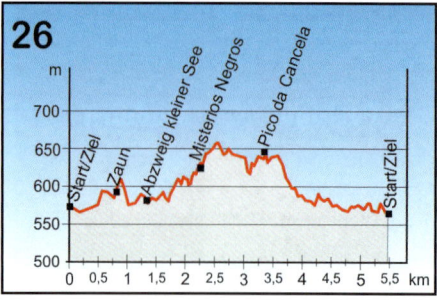

Vom Parkplatz gehen Sie gen Westen und biegen nach 35 m rechts auf den Erdweg ab. Wo dieser endet, halten Sie sich auf der Wiese halb rechts, passieren eine Tränke und erreichen den Waldrand. Vor diesem gehen Sie noch kurz nach rechts, bis Sie nach 580 m auf einen Durchgang durch den Zaun stoßen. Dahinter führt der Weg in den Wald und schlängelt sich durch das Unterholz, bis Sie nach 1,3 km zu dem ✍ Abstecher rechts zum kleinen See Lagoinha do Vale Fundo kommen.

Der Hauptweg verläuft weiter durch den dichten Wald, oberhalb eines weiteren kleinen Sees. Im folgenden Streckenabschnitt brauchen Sie einige Geschicklichkeit und müssen sich auch mal an Ästen entlanghangeln.

Nach 2,2 km wird die Landschaft offener und Sie sind im schwarzen Lavafeld Misterio Negro angekommen – auch hier ist eine gewisse Trittsicherheit erforderlich.

Bei km 2,6 geht es leicht nach links eine Stufe hinauf, Sie kommen auf einen überwachsenen Platz und haben eine Pause verdient. Von hier führt ein deutlicher Weg leicht absteigend weiter, den Sie aber nach 400 m wieder verlassen, indem Sie in einer Rechtskurve geradeaus den schmalen Waldpfad nehmen.

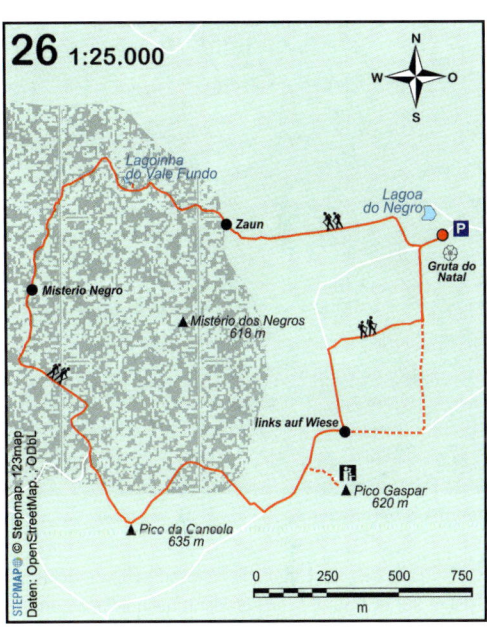

Nach 3,2 km wandern Sie am linken Rand einer Wiese entlang, am anderen Ende geht es wieder in den Wald und Sie kommen nach 3,4 km zum Vermessungspunkt des Pico da Cancela (⇧ 635 m) mit einem schönen Blick bis hoch zur Serra de Santa Barbara. Nun ist der Wegverlauf deutlich und nach 4 km erreichen Sie eine Straße, auf der Sie sich nach links wenden.

300 m weiter können Sie, falls es nicht zu feucht ist, links von der Straße auf die Wiese gehen und überqueren diese. Nach 4,8 km wenden Sie sich nach rechts auf die Wiese und kommen so nach weiteren 400 m wieder auf die Straße, auf der Sie links gehend zurück zum Ausgangspunkt gelangen.

Beim kleinen Kratersee

✍   Falls Sie nicht über die Wiesen gehen möchten, bleiben Sie noch weitere 200 m auf der Straße, biegen dann nach links ab und kommen so wieder zurück zum Ausgangspunkt.

✿   Die Gruta do Natal ist wie das Lavafeld Misterio Negro 1761 durch einen Ausbruch des östlich liegenden Pico das Caldeirinhos entstanden. Die Höhle hieß zunächst Gruta do Cavalo, da man Pferdeknochen im Inneren entdeckt hatte. Seit der offiziellen Einweihung am 25.12.1969, bei der auch eine Messe gehalten wurde, heißt sie Weihnachtshöhle. Es ist ein Lavatunnel von 697 m Länge und Sie können Teile davon entdecken. Ein Besuch lohnt sich für etwas Gelenkige (man muss auch einmal in die Hocke gehen) bestimmt.

📖   März-Mai und Okt. 15:00-17:30, Juni und Sep. 14:30-17:45, Aug. 14:00-18:00

27 Terceiras wildes Hochland: Rocha do Chambre

Tour für abenteuerlustige Landschaftsgenießer

Diese Tour im Hochland von Terceira bietet tolle Ausblicke auf die vielen kleinen Vulkane und das tiefgrüne Inselinnere. Sie führt teilweise pfadlos durch einen dichten Wald und stellt bei einem steilen Aufstieg auch Ansprüche an die Kondition der Wanderer. Da auch eine Weide überquert werden muss, sollten Sie keine Angst vor (friedlichen) Kühen haben.

↻ Start/Ziel: Wandertafel an der EN3-1 Richtung Biscoitos,
GPS N 38°44.911' W 027°15.799'

➲ 9,3 km

⧗ 3 Std. 30 Min.

↑ ↓ 630 m/630 m

⇧ 464-713 m

✎ rot-gelbe Markierungen, die an einigen Stellen fehlen

👪 geeignet für geübte Kinder, die Spaß am Wandern haben

🛒 für Buggys zu schmal und zu steil

🐕 Hunde sollten bei frei laufenden Kühen an die Leine genommen werden.

P Parkmöglichkeit direkt am Start/Ziel

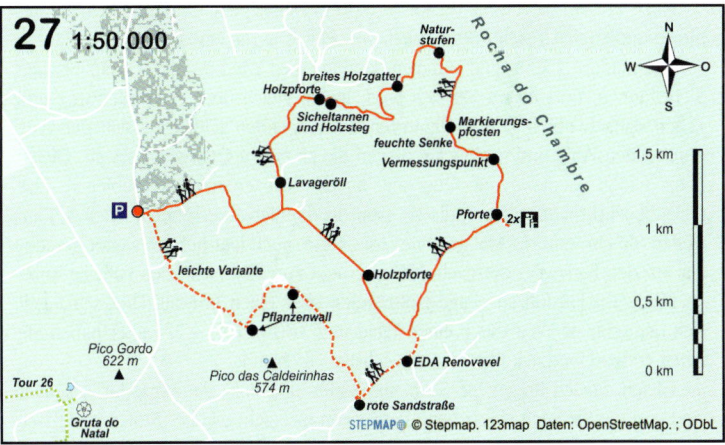

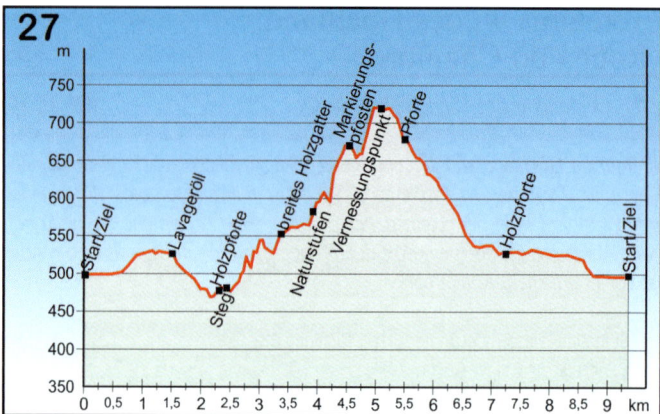

Von der Wandertafel nehmen Sie den roten Erdweg, der von der Straße weg-führt, wandern immer geradeaus, beachten die Abzweigungen nicht und biegen mit dem Weg nach 700 m nach links. Nach 1,3 km nehmen Sie den linken Abzweig.

Sie kommen in eine offene Weidelandschaft und jenseits der Trockenmauern muhen die Kühe. Nach 1,5 km wird der Weg zu einem schmalen Pfad zwischen Baumheide mit Lavageröll im Untergrund.

Nach 2,2 km biegen Sie rechts ab. 100 m weiter gehen Sie durch eine Holz-pforte und sogleich steigt der Geruch von Minze in die Nase.

Sie wandern 150 m und kommen dann in einen Wald mit großen Japanischen Sicheltannen, dort halten Sie sich links, laufen gleich über einen Holzsteg und gehen danach durch zwei Holzpforten. Im Folgenden schlängelt sich der Weg durch einen Wald und nach 3 km biegen Sie an einem Querweg links ab. Gleich danach folgt wiederum ein Querweg, an dem Sie erneut links abbiegen. Das Gelände wird wieder offener, die Wegspur ist deutlich zu erkennen. Nach 3,4 km treffen Sie ein weiteres Mal auf eine Holzpforte, auch hier geht es weiter gerade-aus auf den Forstweg, der nach 200 m erneut zu einem schmalen Fußweg wird.

Nach 3,9 km führen einige Naturstufen über einen Erdwall. Hier schlängelt sich der schmale Weg durch einen Wald und 300 m (km 4,2) weiter haben Sie einen ersten Überblick über das urwüchsige Hochland.

Gleich danach finden Sie Seile, die rechts und links der Wegspur gespannt sind und die Sie auch sofort benötigen, denn hier geht es über Stufen recht steil nach oben. Je höher Sie kommen, desto mehr Moos finden Sie am Wegesrand. Nach 4,5 km biegen Sie rechts und gleich danach wieder links ab, achten Sie auch im Folgenden auf die undeutliche Trittspur. Sie sind auf dem Hochland angelangt und die weidenden Kühe machen die Orientierung nicht einfacher.

Es geht rechts von dem Steilabfall leicht bergab.

In der folgenden Senke wird es feucht. Nach 4,7 km halten Sie sich links und gehen so auf einer Trittspur den Hang gerade hinauf. 200 m weiter finden Sie links einen Steg, den Sie überqueren, und halten sich gleich danach wieder rechts.

Sie kommen erneut auf eine Weidefläche, rechts verläuft ein Graben. Nach 5 km haben Sie den höchsten Punkt der Wanderung erreicht, 80 m weiter folgt ein Vermessungspunkt (☺) falls das Gras feucht sein sollte, vielleicht ein Picknickplatz).

Von nun an geht es den deutlichen Weg leicht bergab, rechts verläuft eine Trockenmauer. Nach 500 m hilft ein Steg über den rechts verlaufenden Graben, 100 m weiter gehen Sie rechts durch eine Pforte in der Mauer. Vorher können Sie jedoch auch noch zwei Aussichtsterrassen geradeaus ansteuern, die sicherlich einen Abstecher wert sind. Sie schauen hier auf den steilen Abhang des Felsens Rocha do Chambre.

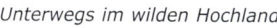
Unterwegs im wilden Hochland

Zurück von den Aussichtsterrassen und durch die Pforte geht es nun stetig am linken Wiesenrand bergab, Sie passieren verschiedene Gatter und folgen dem deutlichen Weg hinab, bis Sie nach 6,6 km auf einen Querweg stoßen. Hier gehen Sie rechts weiter.

Dieser Weg führt Sie immer geradeaus, bis Sie nach 7,2 km links eine Holzpforte an einem alten Gebäude finden, durch die Sie gehen. Der Weg verläuft grasbewachsen zwischen Baumheide hindurch. Im Folgenden kommen Sie an (noch) liegenden Strommasten vorbei.

Nach 8 km biegen Sie links ab, sind somit wieder auf dem Weg, den Sie schon zuvor gegangen sind, und kehren auf diesem zum Ausgangspunkt zurück.

Graciosa

Blick von der Caldeira auf die Ilheu de Baixo (Tour 28, 29)

Graciosa, die Liebliche, ist die zweitkleinste Insel der Azoren und gibt sich ruhig und gemächlich. Selbst im Hauptort Santa Cruz scheinen die Uhren stehen geblieben zu sein: Vorwiegend Ältere sitzen auf dem schattigen, großen Hauptplatz Rossio, der Arbeitstag in Behörden und Geschäften wird gerne in den umliegenden Cafés unterbrochen und in den verschiedenen Läden inklusive Supermarkt wird der Inselschwatz gepflegt.

Der Rossio, wie auch der Ort an sich, wirkt sehr großzügig. Dies zeugt von den reicheren Jahrhunderten, als die Insel mit Wein und Getreide (die vielen Windmühlen zeugen noch heute davon) schwungvollen Handel trieb. Dieser Reichtum machte die Insel dann wiederum auch für Seeräuber attraktiv und die Reblaus, die im 19. Jh. die Azoren erreichte, zerstörte die Reben und beendete den Weinexport. ⌘ Einen guten Überblick über die Geschichte der so lieblich (port. *graciosa*) im Atlantik liegenden Insel bietet das Museum Museu da Graciosa (Largo Conde Simas 17, Santa Cruz, ☎ +351 295 712 429, 🕐 Mo-Fr 9:00-12:30 und 14:00-17:00, im Sommer Sa/So 14:00-17:00).

Der zweitgrößte Ort Praia, der sich durch einen Strand und eine Uferstraße auszeichnet, ist noch viel ruhiger, Luz im Süden verdient den Namen Dorf und ansonsten gibt es nur noch kleine Anhäufungen von Bauernhäusern, die sauber und ordentlich über die Insel verstreut sind.

Die Serra Branca gab Graciosa den Beinamen „Ilha Branca" (weiße Insel), denn dort gibt es Felsen aus hellem Trachytgestein.

Der Südosten birgt eine der größten Attraktionen der Insel: einen wunderschönen, grün schimmernden Krater mit der wirklich faszinierenden Schwefelhöhle Furna do Enxofre, in die Sie auf einer Wendeltreppe hinein- und auch wieder hinaussteigen (☞ Tour 29). Unten schimmern die Wände in vielen Tönen, es spielt leise Musik und es gibt einen kleinen See mit Schwefeldämpfen.

Ganz im Süden liegt der kleine Ort Carapacho mit einem schönen Naturschwimmbecken und einer kleinen, unregelmäßig geöffneten Thermalanlage.

Sehenswert ist schließlich auch die Nordspitze am Farol da Ponta Barca um die Felsformationen Ilhéu da Baleia, die die Form eines gigantischen Wals haben. Das Leuchtfeuer und seine Mechanik sind, wie alle Leuchttürme der Azoren, jeweils mittwochs (🕐 14:00-17:00) geöffnet und absolut sehenswert. Ansonsten beim Leuchtturmwärter anklopfen!

🚢 🛥️ Bei Santa Cruz liegt auch der Flughafen, wenn dort die tägliche Maschine aus Terceira landet, kommen viele Graciosenser zusammen. Der unregelmäßige Schiffsverkehr nach Terceira startet vom Hafen in Praia.

Auffällig sind die zahlreichen Windmühlen mit runder Kuppel, die früher zum Mahlen von Getreide genutzt wurden und heute oft als Ferienhaus hergerichtet sind. Es gibt außerdem noch weitere Ferienhäuser, in Santa Cruz auch Hotels und Pensionen.

Die meisten Restaurants finden Sie in und um Santa Cruz, außerhalb eher Cafés und kleine Bars.

Auf der Insel wird immer noch Wein angebaut und in den Restaurants und Geschäften gerne angeboten. Decken Sie sich mit Lebensmitteln am besten in Santa Cruz ein, die Geschäfte sind dort auch sonntagmorgens geöffnet.

Von Santa Cruz aus fahren Busse Mo-Fr 2-3 x täglich um die Insel.

Andere empfehlenswerte Wanderwege auf Graciosa: Die offiziellen Wege PR3GRA und PR1GRA kann die Autorin nur bedingt empfehlen, da große Abschnitte über Straßen führen. Auch große Teile der neu entwickelten großen Route GR1GRA können Sie mit dem Auto befahren.

wanderwege.visitazores.com/de/wanderwege-der-azoren/graciosa

An einer der typischen Windmühlen

 Minzeduft und Weitblicke

Tour für Abenteurer und Landschaftsgenießer

Diese Rundtour auf dem Kraterrand ist etwas für Neugierige, die sich auch nicht scheuen, einen Zaun zu überwinden, und es gewohnt sind, mal einen eigenen Weg zu suchen. Als Ausgleich wandern Sie in der Einsamkeit, haben kein Auto zu befürchten und können sehr schöne Blicke auf die Küste und in das Innere des Kraters genießen.

↻   Start/Ziel: Abzweig zum Wanderweg nahe dem Parkplatz an der Sandpiste des Kraterrandes, GPS N39º01.919' W27º58.737'

➲   4,7 km

⧗   2 Std. 30 Min.

↑ ↓   328 m/328 m

⇧   220-424 m

✎   Gelb-rote Zeichen markieren den Anfang des Weges auf der Sandpiste. ✋ Fangen Sie nicht bei der Wandertafel in Pedras Brancas an, da Sie ansonsten die Asphaltstraße bis zum Kraterrand hoch und wieder hinunter laufen müssen. Diesen Teil können Sie bequem fahren, oben auf der Sandpiste nach links und dann am zweiten Hinweisschild parken. Ab hier gibt es keine Markierungen mehr.

⊼   Rastplätze sind am Schluss im Krater mit dem Auto zu erreichen.

†ŤŤ   Die Tour ist für geübte Kinder geeignet. Spaß macht sicherlich der Besuch der Schwefelhöhle. ✋ Lassen Sie die Kinder nicht zum See laufen, da dort Schwefel austritt.

🚲   Für Buggys ist diese Tour nicht geeignet.

🐕   Hunde können frei laufen, eventuell müssen Sie bei weidenden Kühen aufpassen.

🅿   Mit dem Auto orientieren Sie sich an der Wandertafel in Pedras Brancas bei der Siedlung Canada Longa und fahren dann hinauf auf den Kraterrand. Dort, wo die Sandpiste quert, wenden Sie sich noch mit dem Auto scharf nach links, fahren also zunächst im Uhrzeigersinn um den Krater. ↝ Nach 140 m sehen Sie rechts abzweigend den Stufenweg zur Höhle Furna da Maria Encantada, gehen Sie dort hinauf, durch den folgenden Lavatunnel hindurch und genießen Sie den fantastischen Blick in das Innere der Caldeira. Zurück auf dem Rundweg geht es mit dem Auto auf der Piste weiter. Nach 430 m können Sie parken.

Auf Praia und das vorgelagerte Inselchen (Tour 28, 29)

Am Startpunkt geht nach rechts der Wanderweg ab, zunächst als Fahrspur auf eine Wiese. ✎ Nach 130 m können Sie einen lohnenden Abstecher zur Mauer am unteren Wiesenrand machen und haben dort einen sehr schönen Blick hinein in den tiefgrünen Krater. Wieder zurück am oberen Wiesenrand halten Sie sich an einer folgenden Gabelung links. Sie bleiben immer auf dem schmalen Pfad auf dem Kraterrand, bis Sie die Trittspur nach 900 m nach links unterhalb des Kraterrandes führt und Sie somit einen Hügel umgehen. 300 m weiter sind Sie wieder auf dem äußeren Kraterrand kurz unterhalb des oberen Randes, der nun auch bewaldet ist.

Nach 1,7 km kommt das Inselchen Ilhéu de Baixo mit der Südostspitze und Carapacho in den Blick. 200 m weiter passieren Sie einen Vermessungspunkt von 1938 und nach 2,1 km stand 2016 ein Stacheldraht im Weg, der durchklettert werden musste. Ohnehin führt der Weg durch genutztes Weideland und es können immer wieder Zäune im Weg sein.

Der Weg steigt nun ab und es duftet nach wilder Minze. Nach 3,4 km sehen Sie links unter sich ein Eisentor und eine breite Sandpiste, hier könnten Sie zum Fahrweg rund um den Krater absteigen und auf diesem rechts gehend auch den Ausgangspunkt wieder erreichen.

Wählen Sie die etwas unwegsamere Variante und halten Sie sich auf der Trittspur geradeaus. 400 m weiter passieren Sie ein Gatter, die Trittspur ist immer
noch zu erkennen und führt Sie
nach 4,2 km durch ein Auffors-
tungsgebiet. Auf den nächsten
200 m müssen Sie sich auf die
Trittspur auf der Wiese konzentrieren, bis Sie nach 4,4 km die Stufen
zur Höhle Furna da Maria Encantada erreicht haben. So erreichen Sie
dann wieder die Sandpiste des
Kraterrandes und somit auch Ihr
Auto.

☺   Nun können Sie bequem in
den Krater hineinfahren (☞ Tour
29) und auch die Höhle besuchen.

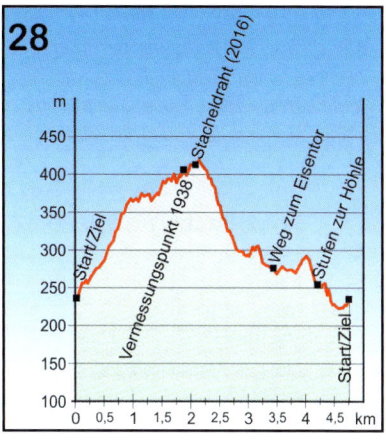

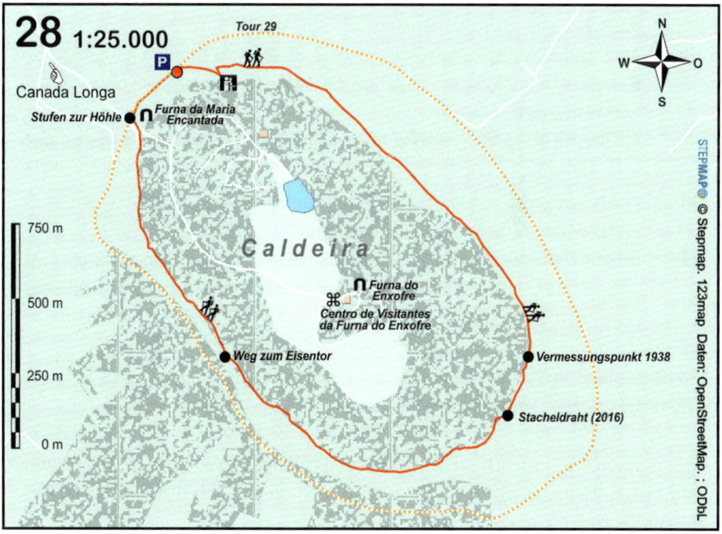

㉙ Klassische Inselausblicke

Tour für Landschaftsgenießer

Die klassische Wandertour der Insel rund um die große Caldeira begeistert mit einem schönen Rundumblick auf die Küste und fast die ganze Insel. Am Schluss lohnt sich die Fahrt hinein in den Krater und ein Besuch der Vulkanhöhle Furnas do Enxofre und des Picknickgeländes.

↻ Start/Ziel: dort, wo die Zufahrtsstraße ab Pedras Brancas/Canada Longa auf die Sandpiste stößt, GPS N39°01.750' W27°58.911'

➲ 5,4 km

⧖ 2 Std.

↑ ↓ 168 m/168 m

⇧ 212-319 m

✎ Gelb-rote Zeichen markieren den Weg des PRC2GRA. ✋ Fangen Sie nicht bei der Wandertafel in Pedras Brancas an, da Sie ansonsten die Asphaltstraße bis zum Kraterrand hoch und wieder hinunter laufen müssen. Diesen Teil können Sie bequem fahren und oben ebenso parken.

⊼ Rastplätze sind am Schluss im Krater mit dem Auto zu erreichen.

👪 Als einfache Tour ist sie für Kinder geeignet. Spaß macht sicherlich am Schluss der Besuch der Schwefelhöhle. ✋ Lassen Sie die Kinder nicht zum See laufen, da dort Schwefel austritt.

🚼 Für Buggys ist der Weg geeignet, da er relativ flach und breit ist. (Es können auch Autos fahren.)

🐕 Hunde können frei laufen, passen Sie aber eventuell bei weidenden Kühen auf. Es sind drei Kuhgitter in die Straße eingelassen.

🅿 Mit dem Auto orientieren Sie sich an der Wandertafel in Pedras Brancas bei der Siedlung Canada Longa und fahren dann hinauf auf den Kraterrand. Dort, wo die Sandpiste kreuzt, parken Sie.

Sie wenden sich an der Kreuzung mit der Sandpiste nach links, gehen also im Uhrzeigersinn um den Krater herum.

✍ Nach 140 m sehen Sie rechts abzweigend den Stufenweg zur Höhle Furna da Maria Encantada, gehen Sie dort hinauf und oben durch den Lavatunnel hindurch. Sie haben dann einen fantastischen Blick in das Innere der Caldeira.

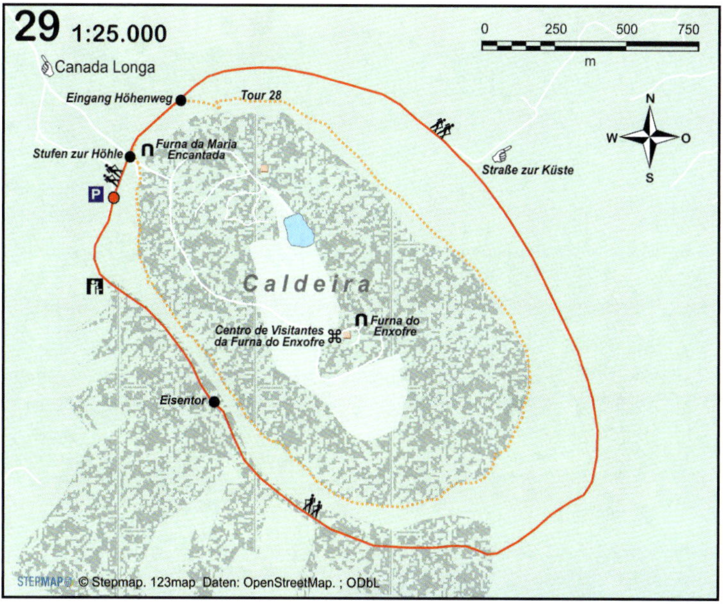

29 1:25.000
0 250 500 750
m
Canada Longa
Eingang Höhenweg
Tour 28
Furna da Maria Encantada
Stufen zur Höhle
P
Straße zur Küste
N
W
O
S
Caldeira
Furna do Enxofre
Centro de Visitantes da Furna do Enxofre
Eisentor
STEPMAP © Stepmap. 123map Daten: OpenStreetMap. ; ODbL

29
m
350
300
250
200
150
Start/Ziel
Abzweig zur Küste
Eisentor
Start/Ziel
0 0,5 1 1,5 2 2,5 3 3,5 4 4,5 5 km

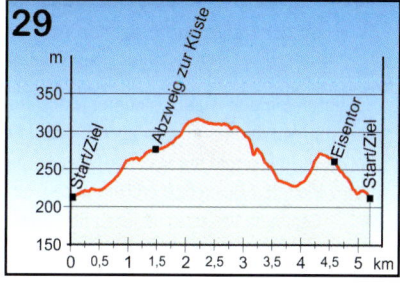

Zurück auf dem Rundweg geht es rechts weiter, nach 430 m bleiben Sie links auf dem breiten Weg, hier geht rechts der schwierigere Höhenweg ab.

Nach 1,5 km führt eine Straße zur Küste hinunter und Sie blicken auf die Ilhéu de Baixo vor der Südostspitze der Insel. Sie bleiben immer auf der deutlichen Sandpiste.

Bei km 4,6 passieren Sie ein Eisentor, hinter dem ein Verbindungsweg hinauf zum Höhenweg führt (☞ Tour 28). Im Folgenden blicken Sie auf die Südküste der Insel in Richtung Luz und Baía da Folga. Nach 5,4 km haben Sie den Ausgangspunkt wieder erreicht.

Blick von der Höhle Furna da Maria Encantada in die Caldeira (Tour 28, 29)

Fahren Sie nun wieder hinunter, doch versäumen Sie nicht, am Querweg nach rechts in den Tunnel und so auch hinein in den Krater zu fahren. Unten sind ein großes Picknickareal mit WC und Wasser und auch der Eingang zum sehr futuristisch wirkenden Besucherzentrum ausgezeichnet.

⌘   Centro de Visitantes da Furna do Enxofre (Schwefelhöhle), ☎ +351 295 714 009, 💻 http://parquesnaturais.azores.gov.pt/pt/graciosa, 📱 16.9.-30.4. Di-Sa 14:00-17:30, 1.5.-14.6. Di-Fr 9:30-13:00 und 14:00-17:30, 15.6.-15.9. Mo-So 10:00-18:00, Es gibt auch geführte Besuche (auf Englisch).

Flores (und Corvo)

Ostküste Flores mit Corvo

Diese beiden kleinen Inseln der Westgruppe werden aus mehreren Gründen zusammengefasst:

▷   Sie bilden die Westgruppe der Azoren.

▷   Sie gehören beide geologisch gesehen nicht zu den Azoren, sondern zur amerikanischen Platte und wandern beide millimeterweise gen Amerika.

▷   Die kleinste Insel Corvo wird meistens als Tagesausflug von Flores aus besucht.

▷   Sie gelten beide als die westlichsten Vorposten Europas.

🖐   Da es auf Corvo außer dem unten erwähnten offiziellen Wanderweg keine weiteren Wege gibt, sind in diesem Kapitel nur Touren auf Flores beschrieben. Falls Sie Corvo trotzdem besuchen möchten, finden Sie unten die wichtigsten Informationen.

Flores

Flores ist die westlichste Insel der Azoren und die Entfernung zum nordamerikanischen Neufundland ist nur geringfügig größer als die zur eigenen Hauptstadt Lissabon. Leicht war es für die portugiesischen Karavellen (Segelschiffe) nicht, dieses Eiland zu entdecken, und es gelang dann erst 1452. Die Besiedlung auf dieser fernen Insel ging auch nur sehr schleppend voran. Die ersten Portugiesen, die es wagten, fanden einen fruchtbaren Boden vor, doch kein Schiff kam in den Hafen, um die Ernte zu kaufen. Das erste Walfangboot der Azoren wurde in Lajes auf Flores konstruiert, doch erst Initiativen von außen brachten die Insel in Schwung. Mitte des 20. Jh. kam die französische Luftwaffe nach Flores und musste erst einmal Straßen, das bislang einzige Wasserkraftwerk der Insel und natürlich die Landebahn bauen. Sie errichteten bei Santa Cruz ihren eigenen Ortsteil, lernten schnell Portugiesisch und belebten auch die Küche der einheimischen Restaurants. Wenn damals die Concorde aus dem fernen Paris landete, dann war die ganze Inselbevölkerung versammelt. Fast ebenso erging es auch den ersten Wandergruppen, die nach Flores kamen. Die Florentiner konnten nicht glauben, dass jemand freiwillig bei Wind und Wetter auf den alten Saumpfaden wanderte und alles, ohne mittags warm zu essen. Heute weiß die Bevölkerung die Wanderer zu schätzen und tut auch privat etwas für die Wanderwege, indem sie den Behörden erklärt, wo noch solche Pfade zu finden sind.

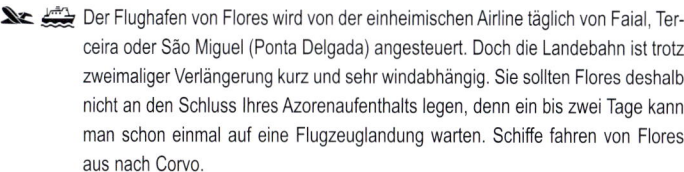 Der Flughafen von Flores wird von der einheimischen Airline täglich von Faial, Terceira oder São Miguel (Ponta Delgada) angesteuert. Doch die Landebahn ist trotz zweimaliger Verlängerung kurz und sehr windabhängig. Sie sollten Flores deshalb nicht an den Schluss Ihres Azorenaufenthalts legen, denn ein bis zwei Tage kann man schon einmal auf eine Flugzeuglandung warten. Schiffe fahren von Flores aus nach Corvo.

Es gibt mehrere Hotels in Santa Cruz und entlang der Westküstenwanderung zwei Ferienhausanlagen (☞ Tour 30), die Aldeia da Cuada in Fajã Grande (☎ +351 292 590 040, 🖳 www.aldeiadacuada.com), wo Einheimische nach und nach ein verlassenes Dorf aufgekauft und die Häuser restauriert haben, und die moderne Anlage Sítio da Assumada (Estrada Regional da Fajã Grande, ☎ +351 924 195 407).

In Santa Cruz das Flores gibt es Restaurants und Snackbars, richtig gut essen können Sie außerhalb, z. B. in der Casa do Rei in Lajes, wo Fisch, Fleisch, Salate und auch vegetarische Speisen mit hausgemachtem dunklen Brot freundlich serviert werden (9960-433 Lajes das Flores, ☎ +351 292 593 262, +351 922 259 289, 🗌 Mo-So 18:00-21:30), oder im Restaurant Pôr do Sol (Sonnenuntergang) in Fajazinha, ein freundlicher Familienbetrieb, der selbst gezogenes, traditionelles Gemüse und einheimischen Fisch und Fleisch in gemütlicher Atmosphäre zubereitet (☎ +351 292 552 075, 🗌 Okt.-Mai Sa/So 12:00-14:00, 1.6.-30.9.: Di-So ab 19:00).

Die Busverbindungen sind auch auf Flores touristisch nicht gut zu nutzen, viele Linien werden nur in der Schulzeit bedient.

Weitere empfehlenswerte Wanderwege finden Sie unter

🖳 wanderwege.visitazores.com/de/wanderwege-der-azoren/flores

♦ PR1FLO (Fajã Grande/Ponta Delgada): Der klassische Weg auf Flores ist immer wieder verschüttet und in den letzten Jahren neu konzipiert worden. Bitte laufen Sie diesen Weg nie andersherum, da Sie sonst einen steilen und sehr rutschigen Zwischenabstieg zu absolvieren haben. ✋ Rufen Sie am besten ein Taxi, wenn Sie im letzten Drittel an die Betonpiste gelangen, welches Sie dort abholt, es ist noch fast eine Stunde auf Straßen bis nach Ponta Delgada zu laufen.

♦ Flores hat seit dem Sommer 2016 eine Mehrtageswanderung, die von Lajido über Ponta Delgada nach Fajã do Conde führt und auch die Route Ponta Delgada/Ponta Ruiva beinhaltet (➲ 11 km, ⏳ 4 Std.). Die Verbindung mit dem PR1FLO bringt den Wanderer allerdings zu einer langen Straßenetappe.

Corvo

Corvo ist die nördlichste und mit 17 km² und 430 Einwohnern die kleinste Azoreninsel, der eine erstaunliche Infrastruktur zur Verfügung steht. Seit Anfang des 21. Jh. gibt es sogar eine Oberstufe in dem neuen Schulzentrum mit dem landesweit besten Lehrer-Schüler-Verhältnis.

Auf der kurzen Landebahn in Corvo landen die einheimischen Maschinen, die von Faial (Horta) und Terceira kommen. Im Hafen legt das gemeindeeigene Schnellschlauchboot mehrfach täglich nach Flores ab.

Das einzige Hotel Comodore hat einen ausgezeichneten Ruf und ist schnell ausgebucht (Caminho do Areeiro, ☎ +351 292 596 128).

Es gibt eine Snackbar oberhalb des Hafens und das Restaurant Caldeirão beim Flughafengebäude (☎ +351 292 596 018).

Den Bäcker finden Sie bei der Krankenstation in der Avenida Nova und mehrere kleine, versteckte Läden gibt es an den Rändern von Vila do Corvo. Schauen Sie ruhig mal in die Türen, oft sind die Läden von außen nicht zu erkennen.

Auf Corvo gibt es nur einen Ort und keinen Bus.

Eigentlich hat Corvo nur einen echten und offiziellen Wanderweg oben im Krater Calderão, den PRC2COR, der aber nur bei klarer Sicht unternommen werden sollte, denn Sie müssen sich streng an den Weg halten. Daneben ist der Kratergrund sehr feucht und es besteht Gefahr zu versinken. Falls es neblig ist, gehen Sie die Straße am besten wieder hinunter und suchen sich unten oberhalb des Dorfes die alten Hohlwege als Abkürzung.

wanderwege.visitazores.com/de/wanderwege-der-azoren/corvo

Vila Nova do Corvo

 Go west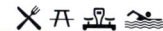

Tour für Naturliebhaber und Badefans

Diese abwechslungsreiche Rundtour am äußersten Westen Europas bietet so einiges: kleine, alte Bauernhäuser direkt neben modernen Ferienhäusern, die westlichste Bar und Badestelle Europas, einen Aufstieg im kühlen Wald und einen einsamen Höhenpanoramapfad zwischen alten Steinmauern. Der überwiegende Teil verläuft auf alten Saumpfaden, es gibt nur kurze Straßenabschnitte. Am Schluss können Sie ein Bad unter einem Wasserfall nehmen oder auch im Atlantik schwimmen.

↻	Start/Ziel: Ende der Rua do Porto in Fajã Grande, GPS N 39°27.560' W 031°15.762'
⟳	8,4 km
⧗	3 Std. 15 Min.
↑ ↓	560/560 m
⇧	0-229 m
✎	gelb-rote Markierungen im zweiten Teil, am Ende ungenau
✕	Restaurant Marisia (ca. km 0,15), Café am Supermarkt (km 1,3)
⊼	Grillplatz mit WC
WC	beim Parkplatz am Start und am Grillplatz
🏪	Supermarkt bei km 1,3
≋	Badestellen am Anfang/Ende der Wanderung, Badeteich am Wasserfall (ca. km 7,7)
♀♀	Für größere Kinder ist der Weg gut geeignet, da er abwechslungsreich ist und am Schluss eine Badestelle mit Café wartet.
⛐	für Buggys nicht geeignet
🐕	Hunde müssen auf den Straßen an die Leine.
P	Parkmöglichkeit an der Badestelle am Ende der Rua do Porto

   Sie parken an der Badestelle am Ende der Rua do Porto. Von hier gehen Sie auf der Avenida Marginal nach Süden und kommen nach 150 m zu der beliebten abendlichen Bar/Restaurant Marisia mit sehr schönen Sonnenuntergängen und einer weiteren Badebucht (⌐ unregelmäßige Öffnungszeiten).
   Sie laufen am Grillplatz vorbei und nach wenigen Metern auf der Rua do Porto wieder rechts auf der Avenida Marginal direkt am Meer weiter. Nach 870 m geht es links in den Sandweg, ≋ wenige Meter weiter geradeaus kommen Sie zum westlichsten Naturpool Europas. Dann gehen Sie zurück zum Sandweg, der vom

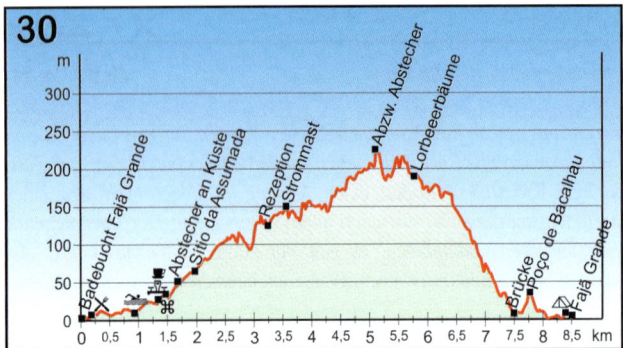

Meer wegführt, kommen an einem Grillplatz (WC) vorbei, halten sich 300 m weiter auf einer Querstraße rechts und gleich danach links.

Nach 1,3 km kommen Sie auf die Hauptstraße. ⛴ ☕ Hier finden Sie im zweiten Haus links einen Supermarkt mit Café. Sie gehen aber rechts auf der Straße weiter. Nach 100 m wurde ein altes Steinhaus zu einem ⌘ Mini-Museum umgebaut und kurz dahinter erreichen Sie einen Brunnen.

Nach 300 m zweigt rechts der Abstecher entlang der Küste ab.

✍ Sie biegen von der Hauptstraße rechts ab und können nach 150 m einen Abstecher zu einem wirklich die Küste überblickenden Walausguck machen. Nach 860 m ist die Steilküste an einigen Stellen abgerutscht und Sie müssen mehrfach über niedrige Mauern steigen, um auf ein Feld auszuweichen. Es ist eine deutliche Spur zu sehen. 150 m weiter ist das kritische Stück überwunden und es geht auf dem alten Weg weiter. Der Weg fällt ab und bald haben Sie einen herrlichen Blick auf die Küste von Fajazinha. ✋ Nach 1,5 km (N 39°26.363' W 031°15.539') führt der Weg links hinauf zur Aldeia da Cuada. (✍ Wenn Sie dort geradeaus weitergehen, kommen Sie nach 150 m zum Fluss Ribeira Grande, dessen Brücke leider 2013 von einem Unwetter zerstört wurde. Einheimische wollen aber ein Provisorium errichten. Bei niedrigem Wasserstand kann man den Fluss auch so problemlos queren. Wenn Sie dort hinübergehen, kommen Sie nach Fajazinha und nach 300 m zum traditionellen ✗ Restaurant Pôr do Sol.)

Hinauf zur Aldeia da Cuada beachten Sie kleine Wege links und rechts nicht und kommen nach 2 km auf den Querweg, an dem Sie sich rechts halten. Nach 20 m laufen Sie nach links an der Rezeption vorbei.

Sie gehen weiter geradeaus, nach 200 m liegt rechts die Ferienhausanlage Sítio da Assumada. Nach 1,9 km erreichen Sie die Kapelle von Santo Antonio, an dieser biegen Sie rechts auf den alten Saumpfad ab. Der schattige, breite Weg bringt Sie nach 3,1 km zu der Ferienhausanlage Aldeia da Cuada, durch die der öffentliche Weg verläuft. An der dortigen Kapelle führt der Weg leicht rechts versetzt weiter am Casa do Baigora vorbei. 50 m weiter biegt er vor der Rezeption nach links, am Parkplatz gehen Sie zunächst 200 m geradeaus weiter und biegen dann in den Waldweg rechts ab. 100 m weiter steht rechts ein Strommast und kurz danach geht der Weg vor einer Mauer links weiter. Er kann recht überwachsen sein.

Nach 3,8 km treffen Sie auf eine Straße und sehen auf der anderen Seite die Fortsetzung des alten Fußpfades. 400 m weiter halten Sie sich an einem Querweg rechts, der auch in kurzen Passagen zugewachsen sein kann.

Bei km 4,7 kommt erneut eine Straße, hier biegen Sie rechts ab und gleich wieder links in den Fußweg, der bald von alten Mauern gesäumt wird. Nach 5,1 km halten Sie sich an einem Querweg links.

↳   Halten Sie sich hier rechts, so kommen Sie nach 1 km auf die Straße nach Fajazinha. Dort gehen Sie links und nach 170 m links hoch zum See Lagoa das Patas, der von vielen kleinen Wasserfällen gespeist ist, eine sehr romantische Atmosphäre bietet und den Sie nach 800 m auf allerdings sehr rutschigem alten Pflasterpfad erreichen.

Die 800 m laufen Sie wieder zurück, gehen auf der Straße links weiter und erreichen nach 3 km die Wassermühle, die von der Müllerin Fatima immer gerne gezeigt wird. ☺ Gehen Sie vorn um das Haus herum und die Stufen hinab, so können Sie auch das quer liegende Antriebsrad sehen. ✏ Gegenüber führt der alte Saumpfad nach Fajazinha hinunter. Wenn Sie im Zentrum in Richtung Meer laufen, kommen Sie zum Restaurant Por do Sol. Ansonsten gehen Sie wieder zurück und erreichen nach 1,2 km den Höhenpanoramaweg.

Diesen Abstecher können Sie auch direkt während einer Autotour machen.

Aldeia da Cuada

Nun sind Sie auf dem Höhenpanoramaweg, der hier auch gelb-rot markiert ist. Sie wandern durch eine Weidelandschaft mit kurzen Waldabschnitten. 700 m weiter stehen noch einige alte Lorbeerbäume.

Der Azoreanische Lorbeer (Laurus azorica) ist der Namensgeber des heimischen Lorbeerwaldes, allerdings nicht häufig anzutreffen. Die glatten und sehr breiten Blätter riechen gut.

Rechts über Ihnen türmt sich die Steilwand der Rocha da Fajã auf. Nach 6,2 km halten Sie sich geradeaus und gehen kurz danach direkt vor der Querstraße rechts auf den Fußweg. 200 m weiter laufen Sie wieder geradeaus weiter und können bereits die Badestelle von Fajã Grande sehen. Die folgende Straße überqueren Sie und kommen so nach 6,8 km an eine Gabelung. Hier wenden Sie sich nach rechts (Markierung weist nach links) und kommen gleich auf eine Straße, an der Sie links gehen, an der folgenden rechts weiter.

Bald sehen Sie schon den Wasserfall, unter dem Sie baden könnten. Nach 7,5 km wandern Sie rechts über eine Brücke und gleich dahinter wieder rechts zum Badeteich Poço de Bacalhau. Der Weg führt an einigen alten Wassermühlen vorbei und nach 200 m zum 🏊 🍴 Teich unter dem Wasserfall.

Zurück an der Straße finden Sie etwas links versetzt den alten Weg, der Sie vorbei am Campingplatz zurück zum Ausgangspunkt bringt.

Lagoa das Patas

 Fajã do Conde

Tour für Landschaftsgenießer

Diese Wanderung führt von der Hauptstraße auf einem alten Verbindungsweg hinab, unten überqueren Sie einen Bach und können am einsamen Steinstrand bei ruhiger See baden. Auf der anderen Seite geht es auf schmalem Pfad wieder hinauf, danach zu einem fast verlassenen Weiler und dann weiter bis nach Santa Cruz. Auch auf diesem Weg fühlen Sie sich wieder um Jahrzehnte zurückversetzt.

➔   Start: Caveira an der EN1-2, GPS N 39°25.863' W 031°08.893';
    Ziel: Platz Marquêz de Pomal in Santa Cruz, GPS N 39°27.137' W 031°07.745'

⟳   5,5 km

⧖   2 Std.

↑↓   275 m/395m

⇧   0-245 m

✎   keine Markierungen

✕   am Ende der Tour in Santa Cruz

≋   Badestelle beim km 0,7

👪   für Kinder gut geeignet, Bachüberquerung und Badestelle

🛒   Mit Buggy können Sie von Santa Cruz aus bis zum Ende der Betonpiste in der Fajã do Conde und zurück gehen.

🐕   Hunde müssen die letzten 1,5 km auf der Straße an die Leine genommen werden, viele Wasserstellen.

🚌   Ab Santa Cruz können Sie um 16:50 mit dem Bus zurückfahren.

🅿   Parkmöglichkeit schräg gegenüber der Bushaltestelle am Start

✑   Falls Sie den Fluss nicht queren möchten, so wählen Sie einen anderen Einstieg: auch auf der EN1-2 vor Caveira, dort, wo hinter einer Linkskurve (rechts stehen Baumaschinen) eine schmale Straße abzweigt, direkt an einem Strommasten und einem Hinweisschild für den 150 m entfernten Aussichtspunkt mit Blick auf die Fajã do Conde. Die Betonpiste führt leicht nach unten in einen Sicheltannenwald. Nach 410 m kommen Sie auf einen Wendeplatz und sehen geradeaus schon den Fußweg weitergehen, der nach 1 km auf den von rechts kommenden, oben geschilderten Weg trifft. Auf diesem wenden Sie sich nun nach links und kommen so auch in die Fajã do Conde.

Von der Bushaltestelle an der Hauptstraße in Caveira gehen Sie ein Stück zurück, bis eine schmale Straße nach rechts unten führt. Nach 180 m beginnt der alte Fußweg, von Lavamauern gerahmt. 80 m weiter halten Sie sich auf einem Querweg links und biegen so Richtung Norden ab. Bald haben Sie schöne Blicke auf die Küste mit der beeindruckenden Ponta de Fernão Jorge. Sie bleiben immer auf dem deutlichen Weg, der auch einige feuchte Stellen aufweist.

Nach 630 m wandern Sie entlang einer alten Mauer. Nach 1,3 km und bereits auf 18 m Höhe finden Sie rechts einen Mauerdurchbruch, durch den Sie gehen, und kommen dann auf grasbewachsenem Pfad nach wenigen Metern zum breiten Bachbett.

Suchen Sie sich in Mündungsnähe eine geeignete Stelle und queren Sie den Bach entwe-

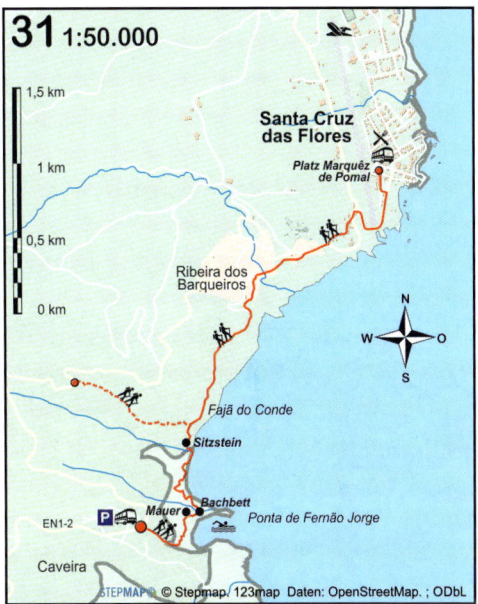

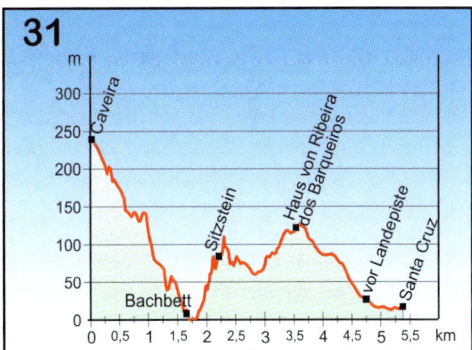

der auf den großen Steinen – ☺ Stöcke sind hilfreich für die Balance – oder barfuß. Machen Sie hier in der Ruhe und Einsamkeit eine Pause und planschen Sie

Steinstrand kurz nach Bachdurchquerung

im Süß- oder im Salzwasser. Weiter oben am Flussbett stehen auch noch alte Wassermühlen.

Nach der Pause gehen Sie auf den Rand des Steinstrandes zu und finden 110 m nordöstlich der Flussmündung eine schmale Trittspur, dies ist der Weg nach oben. Nach 60 m finden Sie einen sehr flachen Unterschlupf im Fels, den die Fischer genutzt haben. Im Folgenden geht es steil hinauf, lassen Sie sich Zeit.

Nach 1,8 km sehen Sie auf der rechten Seite einen großen, flachen Sitzstein. Machen Sie eine kurze Pause, 110 m weiter kommen Sie auf einen Querweg und der Aufstieg ist zu Ende.

Kurz danach (km 2,1) gelangen Sie in offenes Wiesengelände und bald beginnt die schmale Betonpiste, die durch die Fajã do Conde führt und auf der Sie sich immer geradeaus halten. Kleine Steinhäuser und mit Lavamauern umsäumte Wiesen begleiten Sie. Am Wegesrand sehen Sie große Büsche Solanum mauritianum.

Der Wollblütige Nachtschatten kommt aus Mittelamerika und ist als Zierpflanze auf den Azoren eingeführt worden, inzwischen aber ausgewildert. Knicken Sie die Blätter mal mehrfach am Stiel ein und riechen Sie: fast wie Diesel! Die Pflanze hat violette Blüten und gelbe Beeren und heißt auf den Azoren wegen der Ähnlichkeit der jungen Pflanzen auch „falscher Tabak".

Müder Wanderer am Sitzstein im Aufstieg

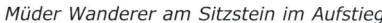

Nach insgesamt 3 km kommen Sie zu einer Querstraße und halten sich auf dieser rechts. Sie laufen nun immer geradeaus weiter und beachten zwei Straßen links und eine rechts nicht. So kommen Sie zur Straße, die die Landebahn umfährt. Hier biegen Sie rechts ab und kommen nach 1,2 km auf den Straßen zum zentralen Platz in Santa Cruz, dem Platz Marquêz de Pomal.

32 Grün-blau im Südwesten   ⌂ WC ✿

Tour für Landschaftsgenießer

Diese Rundtour verläuft an der Südwestküste durch terrassiertes Gelände auf alten Verbindungspfaden mit sehr schönen Küsten- sowie Inlandsblicken. Die vielen Blumen spielen mit dem Grün der Wiesen und Felsnadeln stehen in der rauschenden Brandung. Eine Genusstour für die ganze Familie, die auch noch verlängert werden kann.

↻	Parkplatz und Bushaltestelle in Lajedo am Ortseingang, GPS N 39°23.506' W 031°14.786'
➲	7,9 km
⧗	3 Std. 30 Min.
↑ ↓	550 m/550 m, aber nie steil
⇧	135-284 m
✎	gelb-rote Markierungen im ersten Teilabschnitt
⌂	Picknicktisch kurz nach Beginn/kurz vor Ende der Tour
WC	Toilette beim Parkplatz
👪	für Kinder gut geeignet
🚼	für Buggys nicht geeignet
🐕	Hunde können frei laufen, viele Wasserstellen.
🚌	Ein Bus fährt nur zu Schulzeiten und 1 x täglich in die Hauptstadt und zurück.
P	Parkplatz am Start/Ziel

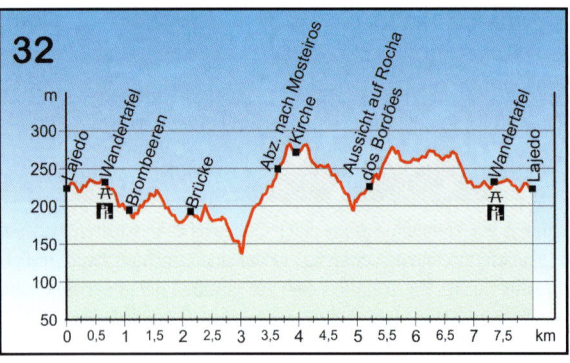

Sie beginnen Ihre Tour am Ortseingang von Lajedo, wo Sie auch parken können, halten sich auf der Querstraße rechts und passieren gleich einen Spielplatz (WC). Danach liegt linker Hand die Dorfkirche.

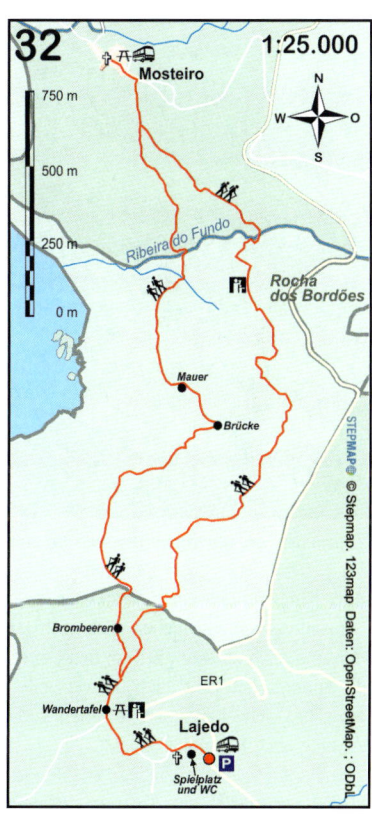

Vor einem Heiliggeisthaus führt die schmale Straße nach rechts oben, nach 600 m finden Sie sowohl die Wandertafel für den ersten Teil des Weges als auch einen Picknickplatz mit Aussicht, hier kommen Sie am Schluss noch einmal vorbei. Nach 700 m führt der Weg an einer Gabelung nach links. Hier kommen Sie später auf dem oberen Weg wieder an.

Nun verläuft der Weg in ständigem sanften Auf und Ab entlang der Weiden, die mit kleinen Mauern umzäunt sind, und bald können Sie im Spätsommer reife Brombeeren ernten. ☺ Eine Tüte mitzunehmen lohnt sich!

Es folgen mehrere Bachläufe, der Weg kann nach starken Regenfällen sehr feucht sein. Nach 1,3 km bleiben Sie auf dem deutlichen Weg geradeaus, 2 Min. später sehen Sie den kleinen Ort Mosteiros vor sich.

Immer wieder wird der Blick auf die umspülte Küste mit den bizarren Felsnadeln und auch nach rechts oben zu den 🌼 Rocha dos Bordões frei.

Nach 2,3 km gehen Sie rechts an einer uralten Trockenmauer vorbei, dahinter wächst Bambus. 500 m weiter kommt eine wirklich feuchte Stelle, gleich darauf überqueren Sie einen Bach auf Trittsteinen. Nach 3,4 km halten Sie sich geradeaus und 200 m weiter biegen Sie entweder scharf rechts ab, um auf dem oberen Weg direkt nach Lajedo zurückzukehren (dann ist die Strecke 680 m kürzer),

Gemälde von Hortensienhecken im Inselinneren

oder machen noch einen Abstecher in den sehr einsamen Ort Mosteiros, indem Sie weiter geradeaus gehen, sich nach 100 m auf der Dorfstraße nach links wenden und nach weiteren 200 m den Dorfplatz mit Kirche und einem Brunnen finden. Hier geht auch der offizielle Wanderweg nach Fajazinha weiter, der allerdings sehr häufig auf Straßen verläuft und einen steilen und rutschigen Abstieg nach Fajazinha umfasst.

Wieder zurück am Abzweig nehmen Sie nun den oberen Verbindungspfad Mosteiro/Lajedo, der Sie bald in einen Wald führt. Nach 900 m auf diesem oberen Weg können Sie die Rocha dos Bordões sehr schön links oben erblicken. Auch auf diesem Weg müssen dieselben Wasserläufe überwunden werden. Sie durchschreiten ebenfalls einige Naturtunnel. Nach 7,2 km kommen Sie wieder auf dem breiten Weg mit Aussichtspunkt und Picknicktisch an und gelangen auf dem bereits bekannten Weg an der Kirche vorbei an den Ausgangspunkt.

33 Saumpfad im Nordosten   (☕) ⴖ WC 〰️

Tour für Landschaftsgenießer   👨‍👩‍👧‍👦 👨‍👩‍👧‍👦 🐕 🐕 🐕

Sie wandern fast immer mit Küstenblicken auf einem alten Verbindungspfad von einem kleinen Dorf zum nächsten und queren dabei zwei tiefe Taleinschnitte. Unterwegs kommen Sie an kleinen Feldern und saftigen Weiden vorbei. Immer wieder bieten Waldabschnitte Schatten. Zudem können Sie noch an einem Steinstrand ein erfrischendes Bad nehmen.

→	Start: Bushaltestelle in Ponta Ruiva, GPS N 39°29.796' W 031°09.525'; Ziel: Bushaltestelle in Fazenda de Santa Cruz, GPS N 39°28.084' W 031°08.728'
↻	8,3 km
⧗	4 Std. 15 Min.
↑ ↓	690 m/770 m
⇧	11-325 m
✎	wenige Schilder
✕	Gemeindecafé (km 3,9, 🗋 nicht immer geöffnet)
ⴖ	Grill-/Rastplatz in Alagoa (km 5,6)
WC	Toilette beim Rastplatz (km 5,6)
〰️	Steinstrand in Alagoa (↳ 250 m ab km 5,6)
👨‍👩‍👧‍👦	für größere Kinder gut geeignet, abwechslungsreicher Weg mit Badestelle
🛒	für Buggys nicht geeignet
🐕	Hunde können bis auf die letzten 400 m frei laufen.
🚌🚗	Am besten lassen Sie sich morgens von Santa Cruz mit dem Taxi zum Start bringen oder fahren um 7:50 mit dem Bus (ganzjährig).
🅿	Parkmöglichkeit 30 m von der Bushaltestelle entfernt

Sie starten am Buswartehäuschen in Ponta Ruiva und wenden sich auf der Straße nach Süden. Große Schilder weisen zum Weg (Trilho) Ponta Ruiva – Cedros, zum Aussichtspunkt und zum Privatmuseum. Nach 280 m geht es geradeaus in den ehemaligen Verbindungsweg, 🔋 gönnen Sie sich hier aber einen Abstecher nach links zum Aussichtspunkt auf die Steilküste mit der Ilhéu Furado und auf die Fajã da Ponta Ruiva, zu der vom Aussichtspunkt auch ein Treppenweg hinabführt.

Zurück an der Straße (schauen Sie doch mal ins ⌘ Privatmuseum von Dona Maria, die dort so allerlei aus der Vergangenheit gesammelt hat und auch hausgemachten Likör anbietet) wenden Sie sich links auf den Wanderweg, der mit einem Holzschild markiert ist und leicht abfällt. Nach 300 m bleiben Sie links auf dem breiteren Weg. Am Wegesrand stehen hier die hübschen Cannas.

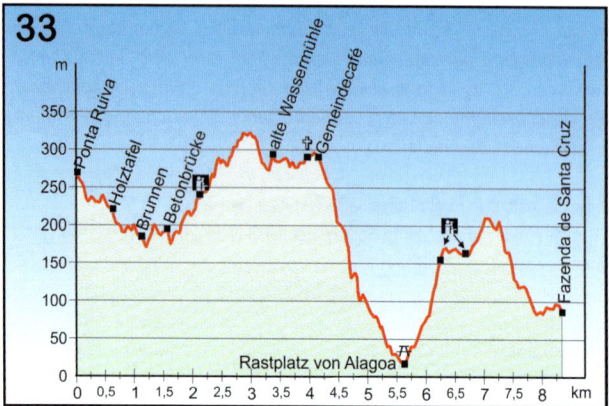

Das Indische Blumenrohr (Canna indica) wächst auf den Azoren in der Wildform mit filigranen gelbroten Blüten. Entlang der Straßen wird sie auch als Zierpflanze mit großen gelben, roten und auch gelborangen Blüten gesetzt.

Bald sehen Sie links unterhalb auch die großen Blätter der sogenannten Inhame.

Die Colocasia esculenta wächst auf den Azoren sehr häufig in feuchten Gebieten. Das Einführen dieser Pflanze hat so manche Hungersnot gelindert, denn die dicke und schwere Knolle ist essbar. Noch heute wird sie zu den typischen Gerichten angeboten (nicht mit der Yamswurzel zu verwechseln).

Nach 1,2 km plätschert ein alter Brunnen zum Erfrischen und 450 m weiter führt eine kleine Betonbrücke über einen Bach. Bald bildet ein Wasserlauf einen kleinen Tümpel und nach der folgenden Betonplatte führt der Weg rechts hinauf.
Sie kommen nun in einen Wald, der Weg steigt weiterhin an und nach 2,1 km öffnet sich der Blick wieder zur Westküste.

500 m weiter laufen Sie unter einem mächtigen Felsen entlang. Nach 2,8 km halten Sie sich auf einem Querweg rechts, kurz danach kommen Sie auf eine Wiese. Genießen Sie den Blick auf die entlos langen Hortensienhecken.

Dann gehen Sie an einer alten Wassermühle vorbei (km 3,4), es folgen weitere total überwachsene Steinhäuser und 200 m weiter erreichen Sie eine Straße, auf der Sie geradeaus weitergehen. Sie passieren bald die Kirche Nossa Senhora do Pilar, über-

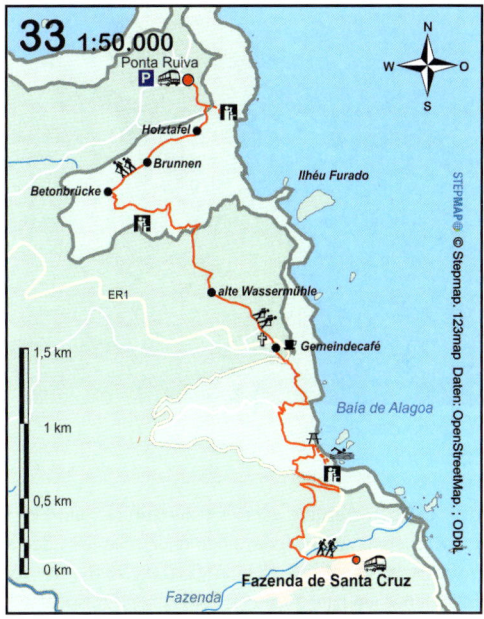

queren am Stoppschild die Hauptstraße und kommen so in die Rua do Miradouro. Hier liegt rechter Hand eine Art 🍵 Gemeindecafé. Falls es geöffnet ist, freuen sich die Damen über einen Besuch.

Es geht in der Rua do Miradouro weiter, die nach 60 m eine Rechtskurve macht. Hier laufen Sie links hinunter, treffen sogleich auf die Inselrundstraße, die Sie überqueren, und finden geradeaus den alten Pfad hinunter nach Alagoa. Nun geht es teilweise recht steil auf einem alten Pflasterpfad bergab, der, da er im Wald verläuft, auch immer leicht feucht ist.

Nach 4,9 km wenden Sie sich auf einer Betonpiste nach rechts und 200 m weiter auf der Straße nach links. Am folgenden Wendeplatz biegen Sie links auf den Fußweg ab, der Sie nach 5,6 km zum 🍴 Rastplatz von Alagoa bringt (WC), ein beliebter Grillplatz der Einheimischen. 🚶 🏊 Wenn Sie zunächst am Grillplatz geradeaus weitergehen, erreichen Sie nach 250 m den Steinstrand von Alagoa, auch hier können Sie schön pausieren.

Rocha dos Bordões

Für den Aufstieg geht es dann zurück zum Eingang vom Grillplatz, den Sie überqueren. Am hinteren Ende finden Sie links den schmalen Einstieg zum Aufstiegsweg (N 39°28.471' W 031°08.931'), der recht steil in die Höhe führt. Nach 6,2 km haben Sie eine sehr schöne Aussicht auf die Bucht und kurz danach ist die Inselrundstraße erreicht, auf der Sie sich nach links wenden. 350 m weiter kommen Sie an einen sehr schönen Aussichtsplatz mit Blick auf die erwanderte Küste bis hin nach Flores. Genießen Sie auch die Callas ...

Auf der anderen Straßenseite gehen Sie auf wenigen Naturstufen die Böschung hinauf, wenden sich oben auf dem Querweg nach rechts und wandern auf dem alten Naturpfad. Nach 500 m auf dem deutlichen Waldweg zweigt rechts ein Weg ab, hier halten Sie sich geradeaus, auch wenn der Weg wenige Meter zugewachsen sein kann (N 39°28.297' W 031°08.934').

300 m weiter erreichen Sie eine Betonpiste, auf der Sie geradeaus gehen, und nach weiteren 300 m quert ein Wasserkanal, an diesem wenden Sie sich nach rechts. Bereits nach 200 m verlassen Sie den Kanal wieder nach links und gehen auf der schmalen Straße geradeaus, bis Sie nach 7,9 km die Inselrundstraße erreichen. Auf dieser wenden Sie sich nach rechts und kommen nach 400 m an die 🚌 Bushaltestelle von Fazenda de Santa Cruz.

AZORENINSELN

Neun Inseln, tausend Erlebnisse...
eine Reise, bei der die Tage nie gleich sind.

CERTIFIED
AZORES
BY NATURE

VISITAZORES.COM

Buchtipps aus dem Conrad Stein Verlag

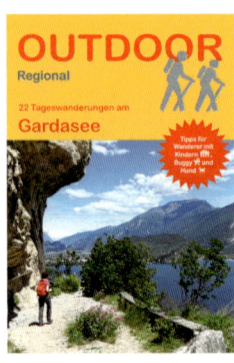

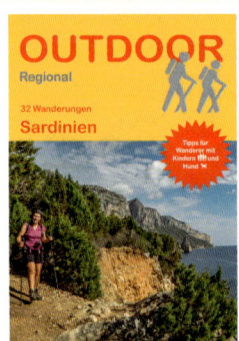